현대적 감각의 만화로 해석하는 〈심리사주학강의〉

송주현의 만화명리학 3

〈용신 & 운세분석 편〉

글·그림 | 晴阿 송주현 |
감　수 | 水風井 |

도서출판 왕산

초판 인쇄 2016년 8월 25일
3판 발행 2022년 10월 30일

저 자 송주현
기획 편집디자인 최봉희
펴낸곳 도서출판 왕산
발행처 대구광역시 남구 이천로 19길 62-2
등 록 2004년 4월 19일 제 2013-7호

전 화 053) 943-2107
팩 스 053) 215-4545
메 일 namoss@hanmail.net

ISBN
979-11-87004-14-1 04180
979-11-955370-0-6 (세트)
값 15,500원

- 이 책은 저작권 등록이 되어 있으며, 저작권에 대한 모든 권한은 저작자에게 있습니다. 저작자의 허락 없이 무단전제 또는 무단복제 행위는 법적 책임을 지게 됩니다.
- 잘못된 책은 바꾸어 드립니다.

국립중앙도서관 출판시 도서목록(CIP)

(송주현의) 만화명리학. 3, 용신&운세분석 편 / 저자: 송주현
. -- 대구 : 왕산, 2016
  p. ; cm

표제관련정보: 현대적 감각의 만화로 해석하는 <심리사주학 강의>
감수 : 水風井
ISBN 979-11-87004-14-1 04180 : ₩15500
ISBN 979-11-955370-0-6 (세트) 04180

명리학[命理學]

188.5-KDC6
133.3-DDC23   CIP2016020454

송주현의
만화명리학 3
용신 & 운세 분석편

추천의 글

<송주현의 만화명리학> 1편이 출판되고 나서 의외로 공부하는 분들의 반응이 좋아서 기뻐하던 때가 엊그제 같은데 벌써 3편 용신과 운세분석이 완성되었습니다.
사실 1·2편은 이론정립이므로 만화로 설명하는 과정을 잘해왔지만 용신과 운세분석 과정을 어떻게 전개할 것인가에 대하여 궁금하기도 하고 우려가 되기도 하였습니다.
3편의 완성된 원고를 읽으면서 송주현 작가의 명리실력이 엄청 발전하였다는 것을 알게 되었으며 제가 강의하는 <심리사주학>을 널리 알리고 또 독자들이 쉽게 명리를 접하게 될 수 있는 길이 열렸다는 생각을 했습니다.
명리의 현대화와 합리적인 사고를 할 수 있는 이론적 기초를 만드는 것이 저의 꿈이었는데 영민한 제자가 큰일을 해주어서 가르치는 선생으로서 가슴이 뿌듯합니다.
옛 어른들의 말씀에 온고지신(溫故知新)이라고 하였는데 현재의 명리학계의 공부가 옛 것을 그대로 답습하고 있으며 그것을 정통이라고 부르니 명리가 미래로 나아가지 못하고 있는 실정입니다.
제가 후학들에게 명리를 강의할 때 "대한민국에 나와 한 날 한 시에 태어나서 사주가 꼭 같은 사람이 약 100명인데 그들이 같은 사건을 함께 겪으며 같은 인생을 살고 있을까?" 하고 첫 질문을 합니다. 명리학을 합리적인 시각에서 접근을 해야 하는 이유입니다.
명리학은 명식 8글자를 통하여 그 사람이 가지고 있는 특성을 분석하고 '어떻게 살아갈 것인가?' 하는 문제를 풀어가는 지혜를 주는 학문입니다.

∥ 격려의 글 ∥

그러므로 명리를 공부하는 가장 좋은 자세는 첫 번째로 기초이론에 대한 일관성을 가져야 하며 반복학습으로 이론적 이치를 터득해야 합니다. 두 번째로 사고의 폭을 넓혀주는 감각훈련을 통하여 사물의 속성과 간지(干地)의 속성을 바라 볼 수 있는 통찰력을 키워야 합니다.

저는 명리학이 철학원을 하는 사람이나 일부 명리연구가들의 전유물이 아니라 일반인들도 쉽게 배워서 일상에 활용할 수 있는 실용학문일 때 가치가 있다고 생각합니다.

명리학은 세상의 이치와 사람의 인생을 연결하여 삶을 밝게 인도하는 학문이기 때문입니다.

그런 명리학의 입문과 기초과정을 아주 섬세하게 설명한 것이 〈송주현의 만화명리학〉입니다.

지난 5년간 열심히 명리를 공부하고 그것을 만화로 설명하는 작업을 해 온 송주현 작가에게 박수를 보냅니다. 더구나 30대 초반의 젊은 명리학도로서 미래가 밝으니 '청출어람 (靑出於藍)' 하기를 진심으로 기대합니다.

병신년 더운 여름날에   〈수풍정〉

✱ 천간지지조견표

음남 · 양녀 ➡   ⬅ 양남 · 음녀(대운방향)

										음양	천간
−	+	−	+	−	+	−	+	−	+		
癸	壬	辛	庚	己	戊	丁	丙	乙	甲	십간	
水	水	金	金	土	土	火	火	木	木	오행	

10	9	8	7	6	5	4	3	2	1	12	11	월	지
+	+	−	+	−	−	+	+	−	+	−	−	음양	
亥	戌	酉	申	未	午	巳	辰	卯	寅	丑	子	지지	
水	土	金	金	土	火	火	土	木	木	土	水	오행	지
戊甲壬	辛丁戊	庚辛	戊壬庚	丁乙己	丙己丁	戊庚丙	乙癸戊	甲乙	戊丙甲	癸辛己	壬癸	지장간	
7,7,16	9,3,18	10,20	7,7,16	9,3,18	10,9,11	7,7,16	9,3,18	10,20	7,7,16	9,3,18	10,20	비율	

<天干 合>	<地支 三合>	<地支 六冲>	<五行의 相生相剋>
甲己 合	寅午戌	子午 冲	木生火 火生土 土生金 金生水 水生木
乙庚 合	申子辰	卯酉 冲	
丙辛 合	巳酉丑	寅申 冲	木剋土 土剋水 水剋火 火剋金 金剋木
丁壬 合	亥卯未	巳亥 冲	
戊癸 合		辰戌 冲	
		丑未 冲	

* **오행의 상생상극 도표**

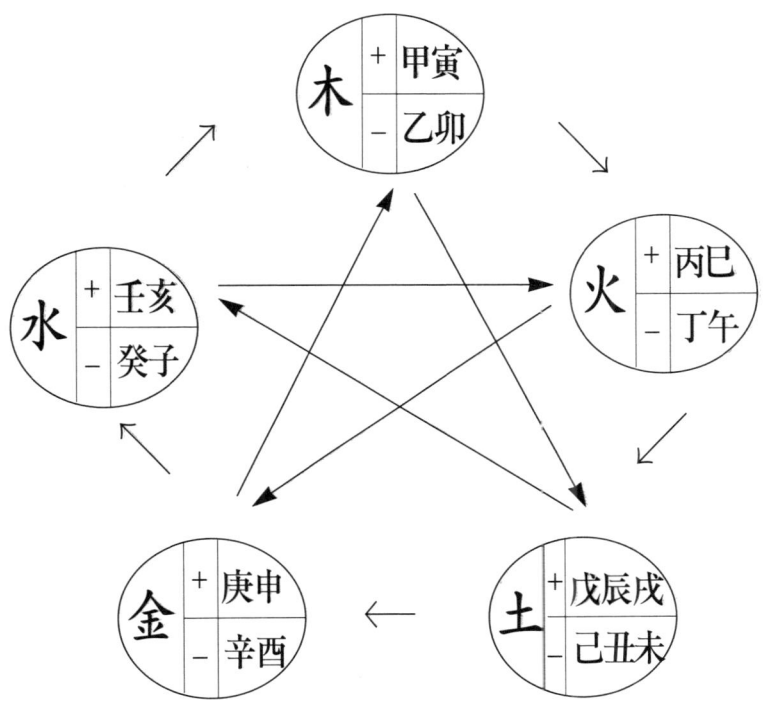

* **오행의 상생상극**

<오행의 상생>

목 생 화
화 생 토
토 생 금
금 생 수
수 생 목

<오행의 상극>

목 극 토
토 극 수
수 극 화
화 극 금
금 극 목

목차

격려의 글

천간지지조견표

오행의 상생상극 도표

프롤로그 • 9

〈공부의 포인트〉사주로 알 수 있는 정신적 문제 • 15

〈공부의 포인트〉지지토(辰戌丑未)에 대한 연구 • 21

1. 용신과 운세론

용신론 • 42

대운분석 • 124

운에서 십성의 길흉작용 • 168

실제 명식 분석의 방법 • 249

명리는 기본기가 중요하므로 이 책을 몇번이고 반복해서 읽으면 실력이 탄탄해질 거에요.

저의 운세 분석은 가장 **기본적인 핵심 이론에** 맞추어 설명하였습니다.

이 세상을 살아가는 수 많은 사람들의 명식과 다양한 변수들을 모두 책에 담아내기에는 한계가 있지요.

때문에 기초 핵심 이론들을 착실히 공부한 후에
나와 주변 지인들의 명식부터 접하고
반복적으로 공부하며…

기본을 바탕으로 폭 넓게 사고하는 방식을 길러야
합니다‼

이 점을 항상 명심하고 열심히 공부하시면
좋은 성과가 있을 거에요!

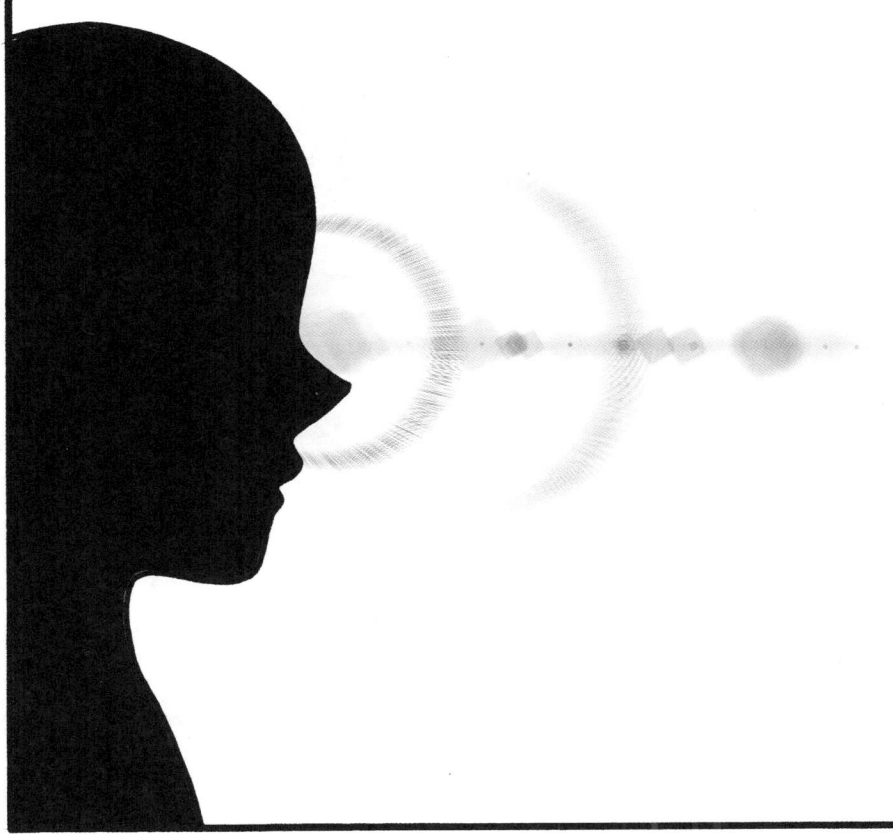

<공부의 포인트>

사주로 알 수 있는 정신적 문제!!
▶인성의 충극, 일지의 충극, 선전

사주를 통하여 알 수 있는 중요한 것 중에서 심리구조를 우선으로 보는 것은, 심리구조에 따라서 행동하게 되고 그 행동의 결과에 따라서 인생이 결정되기 때문입니다.

심리구조 중에서 정신적인 면 혹은 사고적인 면은 행동 양식의 바탕이 되기 때문에 섬세하게 분석해야 됩니다.

① 인성의 충극
② 일지의 충극
③ 선전

선 전

마지막으로 살펴야 되는 것이 선전(旋轉)입니다.

선전은 천간과 지지가 반대로 흘러가는 방향성을 말하는데 그 글자의 흐름에 따라 1~3급 정도로 분류해 볼 수 있습니다.

<천간>

[순행] 甲 乙 丙 … 辛 壬 癸

[역행] 癸 壬 辛 … 丙 乙 甲

<지지>

[순행] 子 丑 寅 … 酉 戌 亥

[역행] 亥 戌 酉 … 寅 丑 子

<공부의 포인트> 사주로 알 수 있는 정신적 문제 II

다음과 같은 사주 명식을 봅시다.

← 2칸 방향성

시주	일주	월주	년주
丙	己	壬	庚
寅	亥	午	申

방향성 → 2칸

이 명식에선 년주와 월주가 2급 선전에 해당됩니다.

즉, 庚 壬은 순행으로 2칸

庚 辛 壬 癸 甲 乙 …
  1칸 2칸 순행

申 午는 역행으로 2칸이 되는 것입니다.

申 未 午 巳 辰 卯 …
  1칸 2칸 역행

각각 2칸씩 이동했으니 2급 선전이에요!

천간이 순행이면 지지는 역행으로! 천간이 역행이면 지지는 순행으로! 반드시 천간과 지지의 글자 흐름의 방향성이 서로 다르게 흘러가야 합니다! 또한 각각 이동하는 칸수는 천간과 지지가 똑같아야 합니다.

> 만일 천간, 지지가 각각 1칸씩 이동하면 1급 선전! 3칸씩 이동이면 3급 선전이에요!

○ 癸 甲 ○
○ 巳 辰 ○
1칸 이동

1급 선전

甲癸
乙 壬 ○ ○
卯 午 ○ ○
辰巳
3칸 이동

3급 선전

> 선전을 가지고 있는 사람은 두뇌 회전이 빠른 반면에 돌발적인 사고와 행동을 할 수가 있습니다. 선전도 일간의 강약이나 구조에 따라 차이가 있습니다.

◆공부의 포인트◆
▶지지토(辰戌丑未)에 대한 연구

1. 천간 木火金水의 입장에서 보는 지지 토와의 근(根) 관계

> 지지 토를 이해해야만 뿌리의 강약을 알고 간지간의 균형을 판단할 수 있으며, 용신 분석에서 신강 신약의 판단이 정확해 집니다.

> 먼저 〈지지삼합〉의 원리에 의해 천간의 각 오행과 지지 토와의 관계를 살펴봐야 합니다.
>
> 〈지지삼합〉은 만화명리학 1편에서 상세히 다룬 적이 있지요. 그것을 참고로 살펴 보시면 좋을거예요.

〈지지삼합〉

寅 午 戌 → 火의 이정표   申 子 辰 → 水의 이정표

亥 卯 未 → 木의 이정표   巳 酉 丑 → 金의 이정표

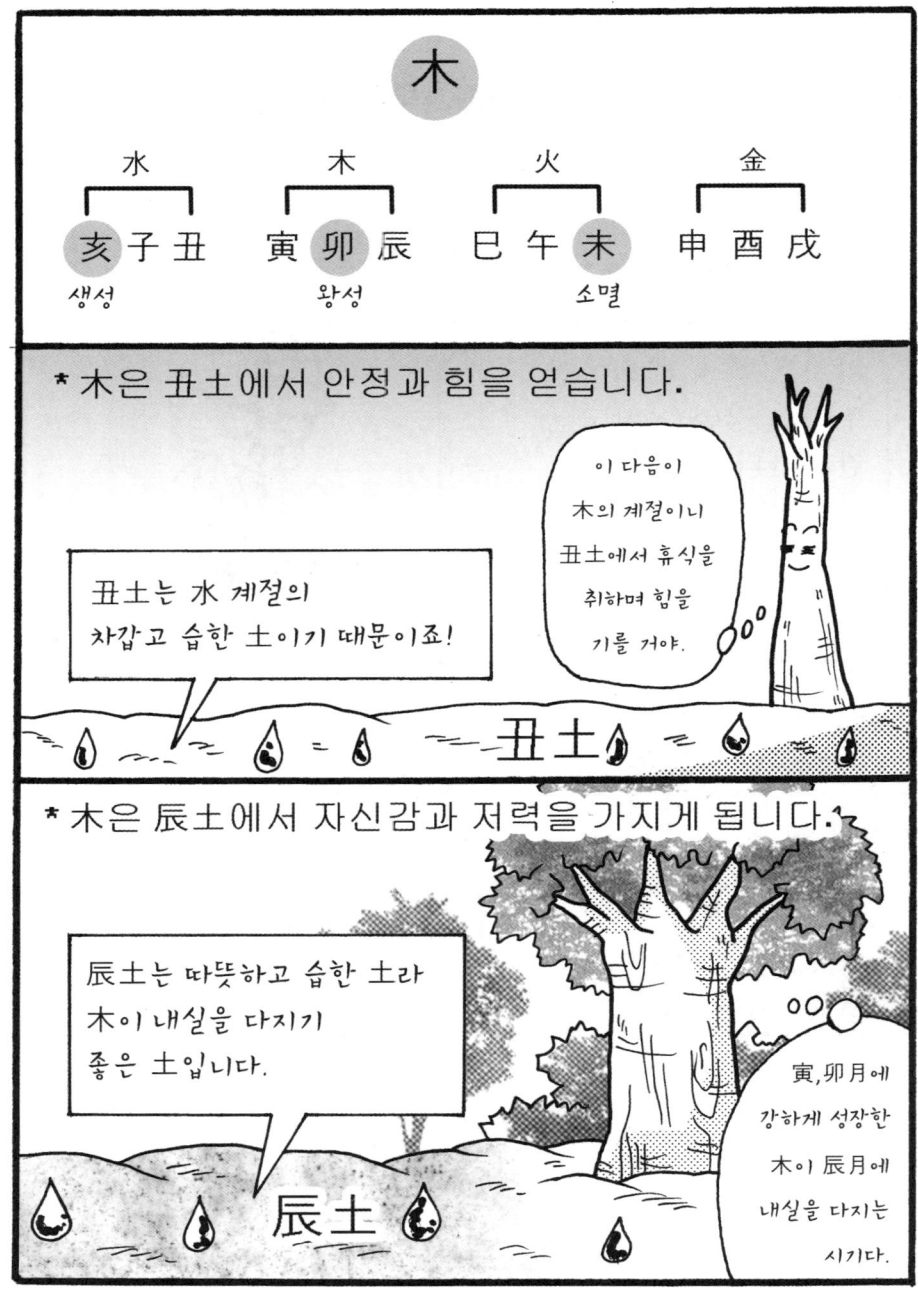

<공부의 포인트>지지토(辰戌丑未)에 대한 연구 II

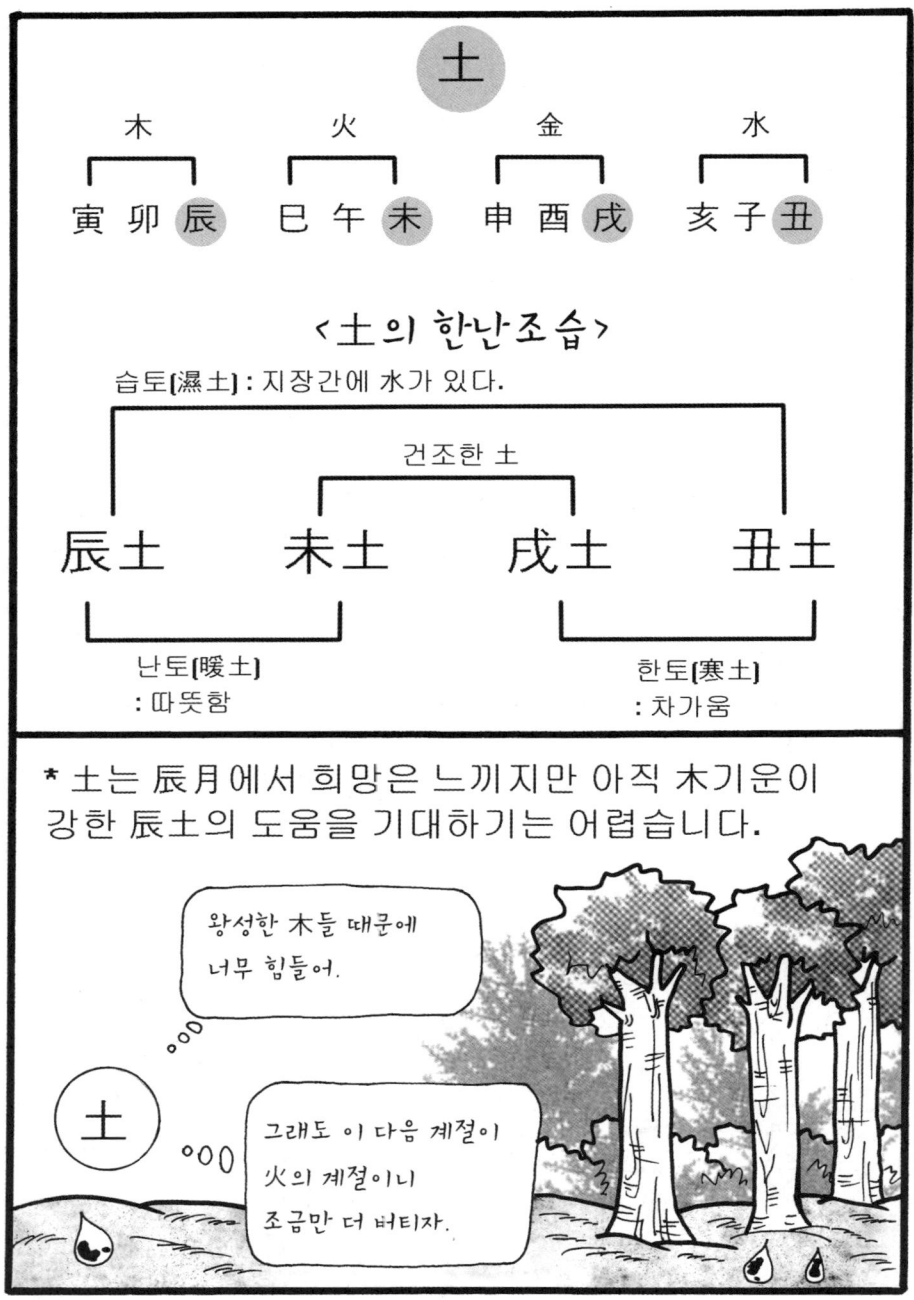

2. 지지土의 입장에서 천간과의 관계

봄[木]	여름[火]	가을[金]	겨울[水]
1月 寅木 [戊丙甲]	4月 巳火 [戊庚丙]	7月 申金 [戊壬庚]	10月 亥水 [戊甲壬]
2月 卯木 [甲 乙]	5月 午火 [丙己丁]	8月 酉金 [庚 辛]	11月 子水 [壬 癸]
3月 辰土 [乙癸戊]	6月 未土 [丁乙己]	9月 戌土 [辛丁戊]	12月 丑土 [癸辛己]

이번에는 지지와 천간의 관계를 살펴보도록 할게요. 이는 <만화명리학 1편> 에서 배운 <쉽게 보는 지장간>을 참고하여 보시면 더 좋겠습니다.

辰土 (乙 癸 戊)

*지장간 속 乙木은 봄의 끝을 의미하며,
癸水는 水의 기마저 소멸되어 申月을
기약하며 辰土 속에 축장되는 의미를
가지고 있습니다.

*辰土는 3月의 土라는 점을 생각하고 또 辰土는
봄의 끝자락이라는 점을, 그리고 습토라는 점을
항상 염두에 두어야 합니다.

辰土는 봄 기운을 다 하고
물러나는 의미지만
木에게 버틸 수 있는
저력을 줄 수 있습니다.

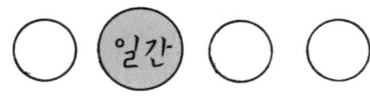

辰土는 월(月)로 쓰일 때
명식 전체에 따뜻한
분위기를 만들어 주지만

火와 직접 火生土 관계가
있다면 火氣를 설기하는
역할을 하므로 생각을
하고 살펴야 합니다.

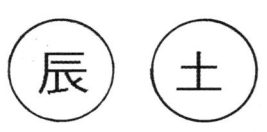

辰土는 봄의 기운이 남아 있는 土라서 같은 土와는 외형상 비겁으로 힘을 모으려는 모습을 보이나, 내심은 오히려 土를 힘들게 합니다.

金에게 辰土는 겉으로는 마지못해 토생금 하지만 내면에는 木의 기운으로 인해 金을 외면하는데 금극목의 원한이 있다고 볼까요?

  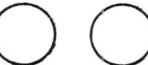

辰土가 월에 있다면 절대로 金에게 협조하지 않겠지요.

 辰土와 水의 관계는 토극수로
보는 것이 일단 타당합니다.

水는 申月에 잉태하여 辰月에 완전히 소멸을 하는
의미를 가졌기 때문이지요.
지장간에 癸水가 있어 水의 근이 된다는 책들이
있는데 뿌리라기 보다는 습토이므로 전체 분위기
에서 오히려 火氣를 줄이는 용도로 사용되는 점이
크지요.
다만 월[月]로 사용될 때는 水가 주변의 火나 土에
의해 기운이 소멸되는 부분에 대하여 약간의
방어막은 된다고 보면 될 것 같습니다.

戌土 (辛 丁 戊)

*戌土의 辛金은 가을의 종착역에 도달하였음을
알리며, 丁火는 火기운이 소멸되어 땅 속에 저장되어
寅月을 기다리게 된다는 의미를 생각해야 합니다.

*戌土는 9월의 土이며 차갑고 건조한 土라는 점을
먼저 인식해야 합니다. 또한 지장간의 辛金의 작용을
염두에 두어야 합니다.

 木에게 戌土는 목극토지만 호락호락 하지는 않을 것인데 이는 戌土 속에 힘이 남아 있는 辛金의 영향력 때문이며, 戌月에 木이라면 이미 힘이 빠진 木이 오히려 戌土가 부담스러울 것입니다.

 火에게 戌土는 건토라서 급격한 火의 힘을 설기하지는 않겠지만 차가운 기운이 부담스러운 것은 어쩔 수 없습니다. 戌土 속의 辛金 역시 土의 기운을 업고 火에게 저항을 할 것입니다.

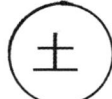 土에게 戌土는 외형상 비겁으로서의 역할은 하겠지만 근으로서의 역할은 생각을 해봐야 합니다. 土는 기본적으로 火를 좋아하는데 화기는 未月을 고비로 급격히 떨어져, 가을의 끝자락에 있는 戌土에 화기가 약하므로 戌土가 土의 큰 뿌리가 되기에는 부족하다고 하겠습니다.

 金에게 戌土는 인성과 비겁의 기운이 함께 하는 강한 응원군입니다. 戌土의 지원을 받는 金은 상당한 힘을 가지게 됩니다.

  水에게 戌土는 애매한 관계를 보입니다. 외형상 토극수지만 내면에 辛金이 금생수하기 때문에 어느정도 水의 뿌리가 되기 때문입니다. 따라서 바로 옆에서 水를 볼 때는 토극수를 고려해야 하지만, 떨어져 있거나 戌月에 水라면 근으로서 역할을 간과할 수 없습니다.

丑土 (癸 辛 己)

*癸水는 생명체 탄생을 위한 기운의 축적 기간이 끝났음을 알려주며, 辛金은 金의 기운이 마지막 자신의 역할을 다 하고 소멸하는 시기를 알려주고 있습니다.

*丑土는 12月의 土이며 한습한 土로서 지장간 속에 水의 기운이 강한 土라는 인식을 가지고 봐야 합니다.

木에게 丑土는 겨울의 끝자락으로서 봄을 맞을 준비하는 계절을 의미하므로 水의 기운이 안정감을 주고 辛金이 木을 살짝 자극하여 木을 잠에서 깨어나게 하는 느낌을 받을 수 있습니다.

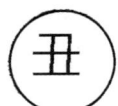 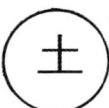
火에게 丑土는 정 반대편의 계절로서 水의 기운이 곧 끝나고 봄을 기다리고 있는 火에게 강한 심술을 부리는 듯한 기운으로 느껴집니다.

土에게 丑土는 무늬만 형제이며 내실은 남보다도 못 한 관계를 가지고 있는 듯이 보여지는데 그 丑土를 형제라고 소개는 해야 하는 土의 마음이 안타깝게 느껴집니다.

丑土는 겨울의 차가움 속에 동면해온 金에게 내가 너 많이 생각하고 있다고 넌지시 립서비스만 하는 모양새라서 金이 약만 오를 것 같습니다.

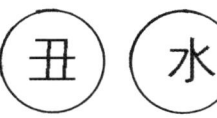 水에게 丑土는 겉으로는 압박하지만 속으로는 슬쩍 슬쩍 도와주니 모종의 뒷거래를 하는 사이 같습니다.
아무튼 水의 입장에서는 기분이 나쁘지는 않습니다.

未土 (丁 乙 己)

*丁火는 火의 계절이 종착역에 도달했다는 의미를 상징하며, 乙木은 木의 기운이 소멸되어 땅 속에 저장 돼 亥月을 기다리게 된다는 의미를 생각해야 합니다.

*未土는 여름의 끝자락에 와 있는 건조하고 열기를 담고 있는 기운을 느껴야 합니다.

 木에게 未土는 지치게 하여 조급하게 만들어 木의 기운을 막다른 곳으로 몰아 붙이는 모습입니다.

  火에게 未土는 火를 더 활성화는 못하지만 보호하고 기운을 유지하도록 하는 고마운 역할을 합니다.

  土에게 未土는 火氣를 머금고 지원을 해주니 더 없이 반가워 힘이 넘쳐날 것 같습니다.

  金에게 未土는 안도감을 주는 정도의 역할만 기대하는 것이 좋을 것 같습니다. 金 입장에서도 그다지 지원을 바라지는 않습니다.

  水에게 未土는 아주 껄끄러운 상대입니다. 水가 未土를 만나면 부딪히지 않고 피해갈 것만 같습니다.

제 1 장
용신과 운세론

* 용신론
* 대운분석
* 운에서 십성의 길흉 작용

용신론

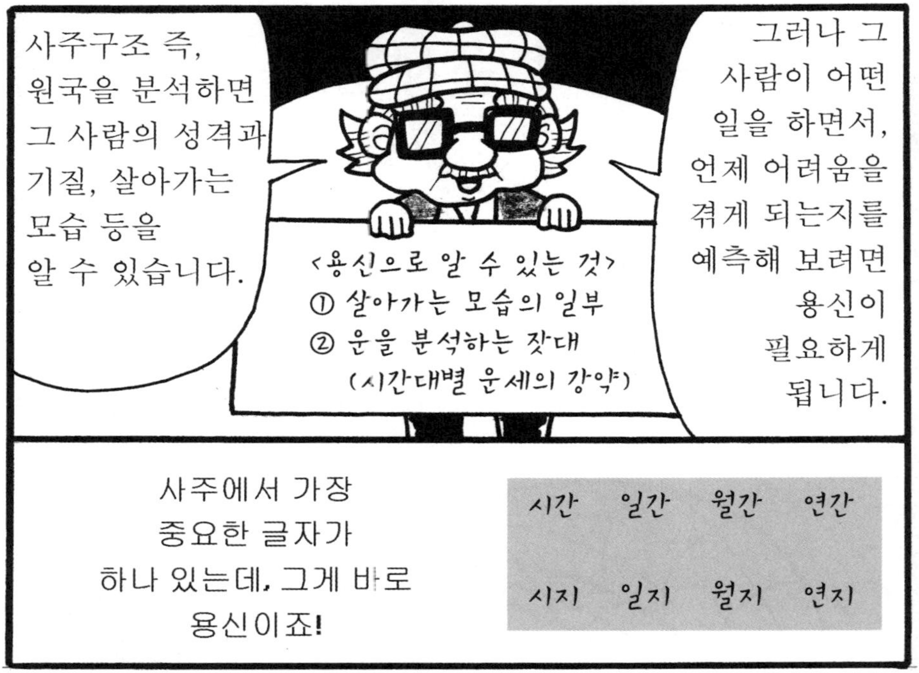

사주구조 즉, 원국을 분석하면 그 사람의 성격과 기질, 살아가는 모습 등을 알 수 있습니다.

<용신으로 알 수 있는 것>
① 살아가는 모습의 일부
② 운을 분석하는 잣대
   (시간대별 운세의 강약)

그러나 그 사람이 어떤 일을 하면서, 언제 어려움을 겪게 되는지를 예측해 보려면 용신이 필요하게 됩니다.

사주에서 가장 중요한 글자가 하나 있는데, 그게 바로 용신이죠!

| 시간 | 일간 | 월간 | 연간 |
| 시지 | 일지 | 월지 | 연지 |

▶ 용신이란 무엇인가?

용신이란, 사주를 중화시키는 데 핵심적인 역할을 하는 오행을 말합니다.

즉, 용신은 사주의 핵심이자 사주의 눈, 혹은 일간의 머슴 이라고도 합니다.

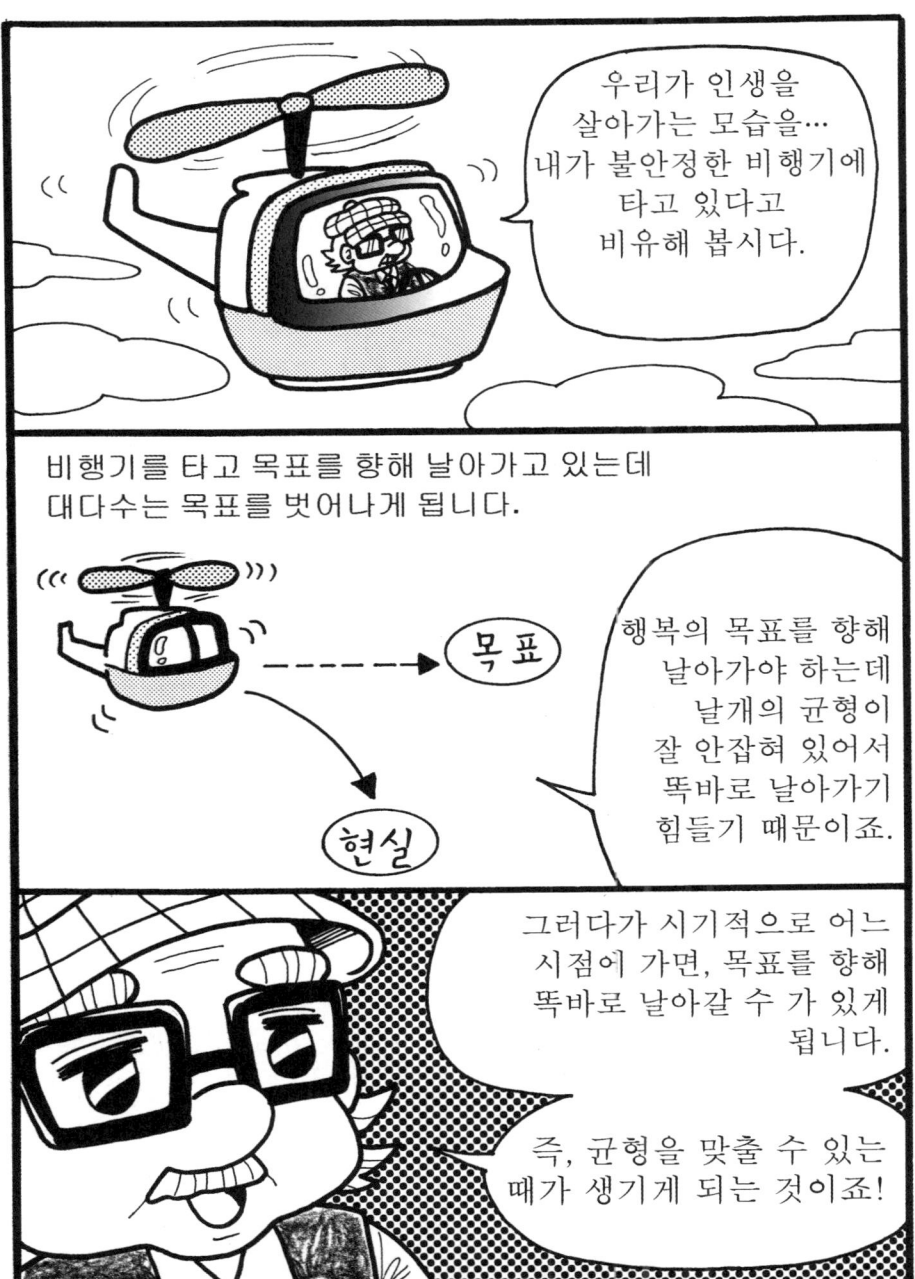

동양학의 핵심이 중용이라고 합니다. 사주를 분석할 때도 흔히 좋은 사주란 중화된 사주를 말한다고 합니다. 즉 한쪽으로 치우치지 않고 음양오행이 골고루 분포된 사주명식을 상격으로 봅니다.

그러나 어떤 사람의 명식이라도 정확하게 균형을 이루고 있지는 못 합니다. 이 균형을 이루지 못 한 사주명식을 균형을 이루게 할 수 있는 어떤 오행을 용신으로 보면 되겠습니다.

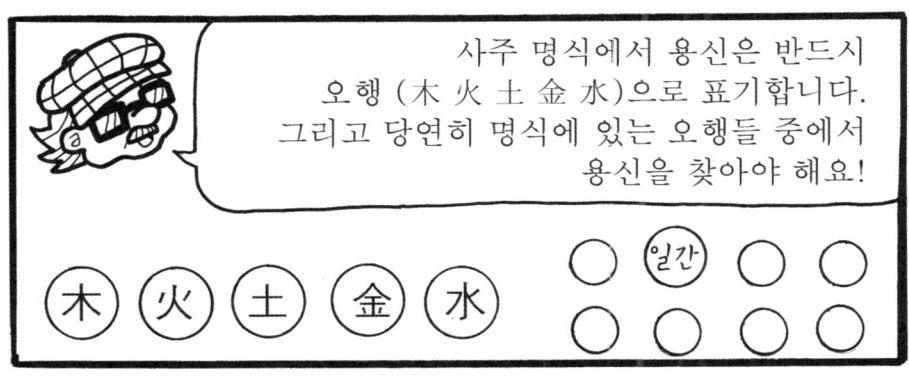

▶ 사주분석과 용신

사주를 분석하는 방법은 일간을 중심으로 나머지 7오행과 일간과의 관계를 규명해가는 과정입니다.

명식을 볼 때 가장 먼저 일간의 상태를 살펴야 합니다.

일간이 지지에 뿌리를 잘 내리고 있는지의 유무가 그 사람의 기본적인 기운의 강약을 나타내기 때문이며, 그것은 직업 적성을 판단할 때도 큰 영향을 미칩니다.

그 다음으로 용신의 상태입니다.

용신이 뚜렷하고 힘이 있을 때 그 사람의 활동력을 가늠해 볼 수 있습니다.

<안 좋은 용신>
① 용신이 충극 받는다.

용신이 충극 받는다는 것은 용신이 아프다고
볼 수 있습니다.
즉, 머슴이 아파서 일을 제대로 할 수 없기 때문에
일간인 내가 대신 해야하므로 살아가는데 힘이 듭니다.

② 용신이 합(合)이 되어 있다.

용신이 합(合)이 되었다는 것은 머슴이 다른 것과 연애를
하는 것에 비유 할 수 있습니다.
머슴이 연애하느라 일을 제대로 할 수가 없겠죠!

③ 암장

용신이 암장되어 있다는 것은 머슴이 다른 집에 숨어 있는 것으로 비유할 수 있어요. (지장간 속에 숨어 있죠!)

④ 용신이 많으면 목표가 분산되기도 합니다.

머슴이 많으면 방향 설정이 어렵고, 일관성이 떨어진다.

▶용신이 강건하려면

용신이 천간에 있으며 가급적 일간 근처에 있으면 용신이 소임을 잘 하므로 일간이 편안하게 됩니다.
용신이 지지에 근을 두고 있으며 그 근이 손상되지 않아야 하겠습니다.
용신이 지지에 있더라도 천간에서 덮어주고 있거나 옆에서 보호 받고 있어야 하겠습니다.

▶용신의 상태로 본 명식의 특성

용신이 암장되어 있거나 미약하면 활동력의 폭에서 문제점이 있으며 스스로 짐의 무게를 감당하며 살아야 합니다.
용신이 다자[多字]이면 방향 설정이 잘 안 되어 한 곳에 기운을 집중하는 역량이 떨어집니다.
용신이 합이 되면 활동력이 떨어지게 되어 일간은 매사에 불만이 쌓이게 됩니다.
용신이 충 맞으면 일하는데 장애물이 많아 항상 애로점이 많습니다.

정리하면 용신이 부실하면 살아가는 모습이 힘들게 보이는데 모든 것을 내가 책임지고 해야 하므로 육신이 고단한 상황으로 이해해야 합니다. 주의해야 할 것은 용신이 약하다고 해서 경제적으로 잘 살고 못 사는 것과는 무관하다고 하겠습니다.

▶ 용신의 종류

① 억부 용신
② 통관 용신
③ 병약 용신
④ 조후 용신
⑤ 종격 용신

<억부 용신>

가장 많이 활용되는 용신법으로 사주명식의 강약을 기준으로 「강하면 눌러주고 약하면 도와주는 원리」를 말합니다. 대부분의 명식은 억부용신으로 설명이 가능하다고 봅니다.

抑 누를 (억)   浮 띄울 (부)

강한 놈은 눌러주고 약한 놈은 띄워준다는 논리죠! 이렇게 균형을 맞춰주는 것이에요!

수풍정의 견해는 명식의 균형과 소통에 무게를 두고 있기 때문에 억부용신을 기본으로 두고 있습니다.

<통관 용신>

두 세력이 대립을 하면 유통시켜주는 오행을 용신이라고 보는 방법입니다. 예를 들어, 木이 金에게 극을 받고 있으면, 水로 통관시켜 주는 방법이에요.
[金생水, 水생木]

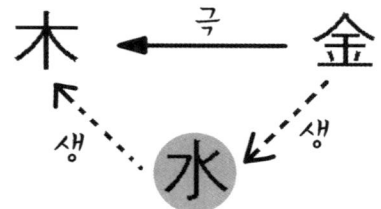

억부용신과 결과가 중복되므로 의미만 알고 활용하면 좋을 것 같습니다.

<병약 용신>

일간이 병들었을 때 그 병을 치료할 수 있는 오행을 용신으로 보는 방법입니다. 예를 들어, 火가 水의 세력에 둘러쌓여 극을 받고 있으면 土로써 水를 극한다는 방법이에요. [土극水]

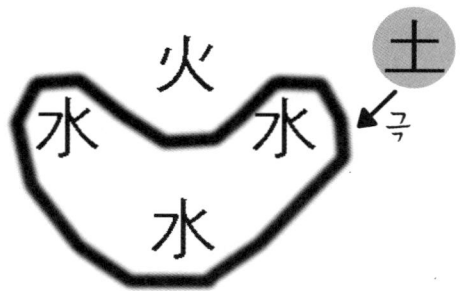

이 또한 억부용신과 결과가 중복되므로 의미만 알고 활용하면 좋을 것 같습니다.

<조후 용신>

계절에 대한 일간의 상태를 적용한 용신법입니다.

추운 겨울에는 火가 필요하고

무더운 여름에는 강한 火기 때문에 水가 필요하다는 것이죠.

명리가 자연의 변화와 기운을 사람에게 대입한 학문으로 본다면 조후용신처럼 자연의 상황을 관찰하며 공부하는 것이 학문의 깊이를 더해주는 좋은 방법이긴 하지만 오행의 생극제화와 억부를 이해하지 못 하고 조후에 치중하다 보면 모든 명식을 단순하게 계절에 대한 일간의 상태 위주로 해석을 해 버리는 오류가 발생할 수 있으므로 기본을 충분히 공부한 다음에 조후(궁통보감)을 공부하시는 것이 좋을 듯 합니다.

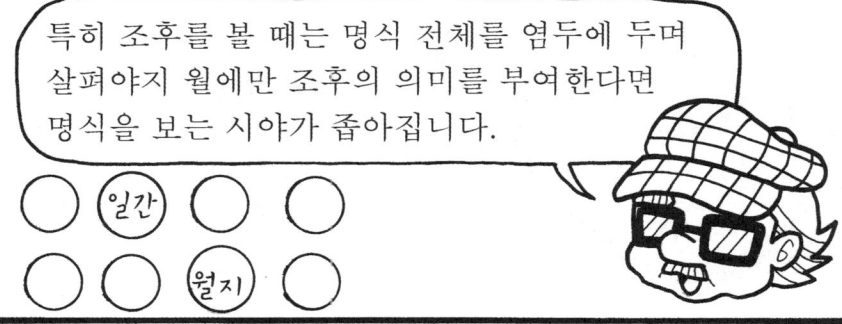

특히 조후를 볼 때는 명식 전체를 염두에 두며 살펴야지 월에만 조후의 의미를 부여한다면 명식을 보는 시야가 좁아집니다.

▷ 조후 용신의 적용

일간이 많이 신약하다면 억부 용신을 적용한다는 전제로 조후 용신을 고려해야 합니다. 조후 용신은 다음 두 가지 경우로 살펴볼 수 있습니다.

겨울(水)의 金 → 金水 상관   火용신

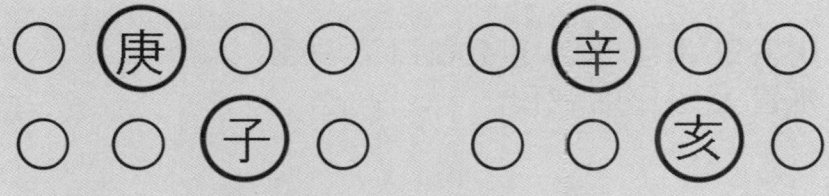

일간이 金이고
월지가 水가 되는
金水 상관

<子월의 庚金 일간>   <亥월의 辛金 일간>

겨울의 金은 火가 필요하다고 보고 火를 용신으로 본다.

여름(火)의 木 → 木火 상관　水용신

일간이 木이고
월지가 火가 되는
木火 상관

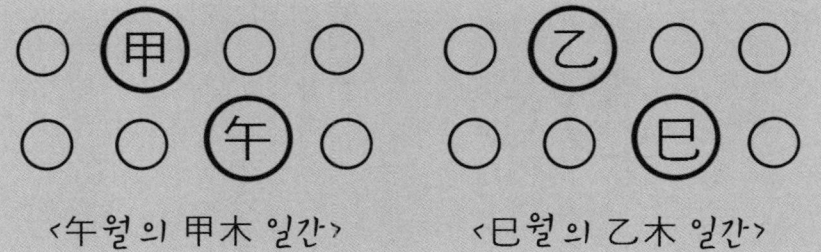

<午월의 甲木 일간>　　<巳월의 乙木 일간>

여름의 木은 水가 필요하다고 보고,
水를 용신으로 본다.

금수상관 목화상관 즉, 겨울의 金과 여름의 木의 경우에 조후용신을 주로 고려하되 [아주 신약이 아니면 조후로 봅니다.] 여름의 金과 겨울의 木 등은 조후로만 보지 말고 주변 상황을 고려해야 합니다. 그리고 조후용신은 아니지만 억부용신에서 그 힘의 균형을 논할 때 한난조습[寒暖燥濕]을 고려해야 섬세한 판단을 할 수가 있습니다.

<종격 용신>

외격이라고 하며 어느 한 쪽의 오행이 아주 강한 세력을 형성하고 있다면 일간은 그 강한 오행을 따라가게 되고, 따라서 용신은 그 강한 오행이 되는 용신법입니다.

예를 들어 아래와 같은 매우 신약한 명식이 있을때, 신약의 종격이라고 제일 센 오행인 火를 따라가게 됩니다. 즉 火를 용신으로 보게 되는 거죠!

→ 신약의 종격

火 용신

마찬가지로 다음처럼 매우 신강한 명식에서 金의 세력이 매우 강하므로 용신을 金으로 보게 됩니다.

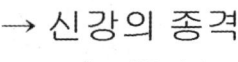

金 용신

※ 특히 종격은 아주 완벽한 종격을 이루지 않으면 종으로 속단하지 말고 세심하게 살펴 볼 것을 권합니다.

▶ 용신 분석 (억부용신법)

억부용신은 사주명식의 강약을 기준으로 「강하면 눌러주고, 약하면 도와주는 원리」라고 설명했습니다.

그렇기 때문에….

억부용신을 설명하기 위해 제일 먼저 해야 할 것은 사주가 힘이 있냐, 없냐를 따져봐야 하는 균형의 문제입니다.

앞서 배운 십성론에서 우리는 일간과 같은 비겁과, 일간을 생해주는 인성은 일간에게 힘이 되어주는 십성이라 배웠고

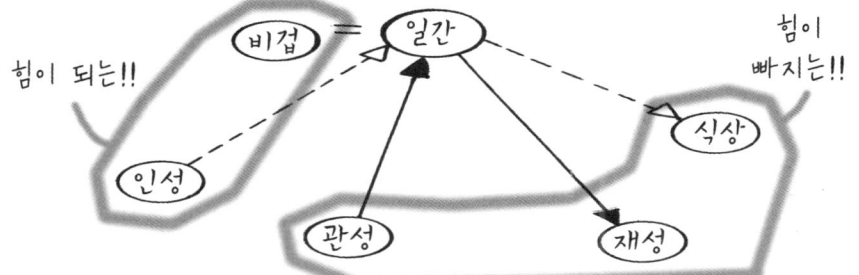

일간이 생해주는 식상, 일간이 극하는 재성, 일간을 극하는 관성은 일간의 힘을 빼는 십성이라 배웠습니다.

즉, 억부용신은 일간이 신약할 때는 일간을 도와주는
인성이나 비겁이 용신이 되며,

신약 → 인성 or 비겁
신강 → 식상 or 재성 or 관성

일간이 신강할 때는 일간의 힘을 억제해 주는
식상, 재성, 관성 중에서 용신이 됩니다.

▷월지(월령)과 일지의 역할에 대하여

사주명식에서 일간을 제외하면 7 글자가 됩니다.
그런데 이 7 글자들의 위치에 따라 일간에게
미치는 영향력의 크기가 달라집니다!

| 시간 | 일간 | 월간 | 연간 |
| 시지 | 일지 | 월지 | 연지 |

월령(월지)는 계절적인 의미를 가지고 있으며, 월령의 상황은 일간 뿐 아니라 명식 전체 오행에 영향을 미치기 때문에 아주 중요한 의미를 부여할 수 있습니다.

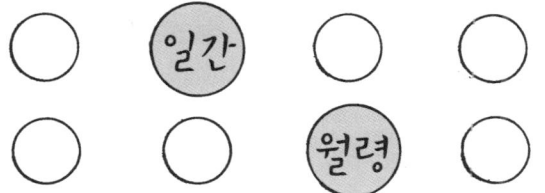

월령은 전반적으로 일간의 활동력을 제공하기 위한 환경적인 면에서 살펴봐야 할 것입니다.
즉, 일간의 기운을 얼마만큼 활성화 할 수 있는 공간을 갖추고 있는지를 알 수 있습니다.

일지는 일간의 앉은 자리로써 일간의 실질적인 기운의 강약을 표현하며, 주로 일간에 영향력을 행사한다는 의미로 생각할 수 있습니다.

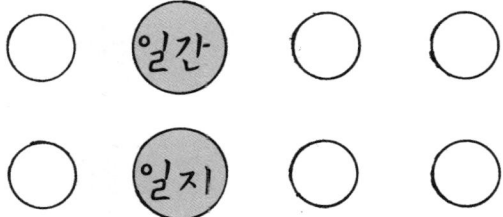

즉, 일간의 추진력을 알 수 있습니다.
일간이 앉은 자리인 일지에 뿌리를 내리고 있다면 일간의 기운도 강하고 추진력 또한 상당하다고 하겠습니다.

그래서 원국의 신강 신약을 판단할 때 일간이 월령과 일지에서 어떤 상황이 되어 있느냐 즉, 인성과 비겁이 포진하고 있느냐를 먼저 살펴야 하겠습니다.

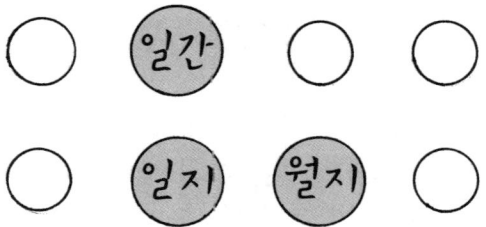

월지와 일지를 제외한 나머지들은 일간에서 멀어질 수록 일간에게 끼치는 영향력이 적어지고, 가까울 수록 영향력이 커진다고 이해하시면 되겠습니다.

▶ 신강의 조건

먼저 신강, 신약이 정해지면 용신을 찾아야 합니다.

앞서 용신은 '균형'이라 배웠죠! 그럼 용신을 어떻게 찾을까요?

사람들의 대다수는 신약한 사주입니다. 따라서 소수인 <신강>만 알면 나머진 다 신약으로 볼 수 있겠죠!

신약하다는 것은 명식에서 인성, 비겁이 부족하단 뜻이에요. 반대로 신강하다는 것은 인성과 비겁이 많다는 뜻이죠.

인성, 비겁

그럼 신강의 조건을 살펴보기에 앞서 간단한 개념을 설명하도록 할게요!

우선 명식에 인성과 비겁이 있으면 <득> 했다고 합니다.

그리고 월지에 인성이나 비겁이 있으면 <득령> 했다고 합니다.

일지에 인성이나 비겁이 있으면 <득지> 했다고 합니다.

인성 or 비겁 → 득령

인성 or 비겁 → 득지

일간과 일지, 월지를 제외하고 인성과 비겁이 있으면 <득세>를 했다고 합니다.

인성 or 비겁 → 득세

우리는 앞서 사주의 각 자리마다 일간에 힘을 미치는 영향력의 크기가 다 다르다 하였습니다. 이를 바탕으로 신강의 영역을 살펴봅시다!

○ (일간) ○   ○
○ (일지)(월령) ○
    2등   1등

▷ **신강의 영역 (신강의 조건)**

득령 + 득지 + 득세 1

득령 + 득지

득령 + 득세 2~3

득지 + 득세 3

득세 5

※무조건 외우기 보다는 언제나 변수가 있음을 꼭 기억하세요!!

★중요★

위의 내용을 참고로 하지만 주변 여건을 살펴 강으로 볼 수도 있고, 때로는 약으로 볼 수도 있습니다. 따라서 기계적인 대입은 오류가 많으므로 감각을 키워야 한다는 점을 전제로 해둡니다!

▶ 신약의 조건 (신약의 영역)

* 신강의 조건에 부합되지 않으면 신약으로 간주해야 합니다.

물통에 물이 반쯤 차 있는 것을 중화[균형]이라 합니다.
그런데 어떤 명식은 물통의 물이 부족하거나,
어느 명식은 물이 넘치고 있기도 합니다.

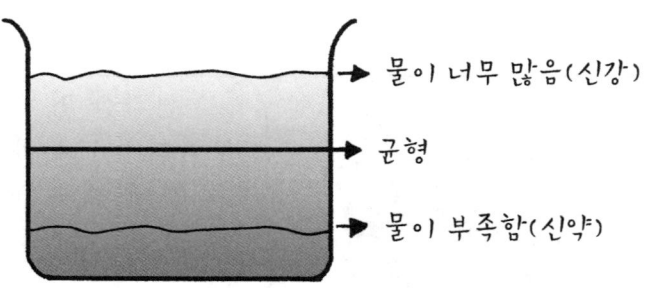

그렇다면 이 물통에서 물을 빼내는 것을
식상, 재성, 관성이라고 보고,
물이 채워지는 것을 인성, 비겁이라고 봅시다.
[여기서 인성은 호스를 통해 천천히 그리고 꾸준히 물을 공급하는 것이라 볼 수 있고, 비겁은 다른 물통을 통해 한번에 물을 확 붓는 것이라 볼 수 있어요.]

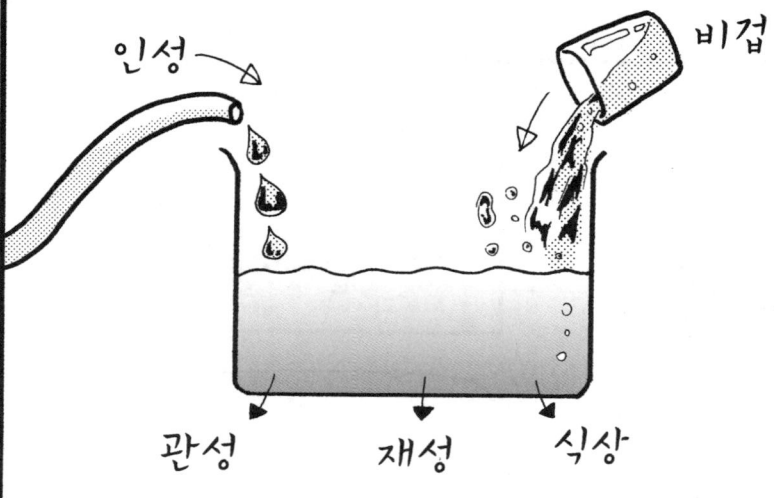

재성이 많아 신약인 사주[재다 신약 사주]에서는 재성을 막는 것이 비겁이 됩니다. [십성론 참고] 그래서 이 경우에만 용신으로 비겁이 우선이 됩니다!

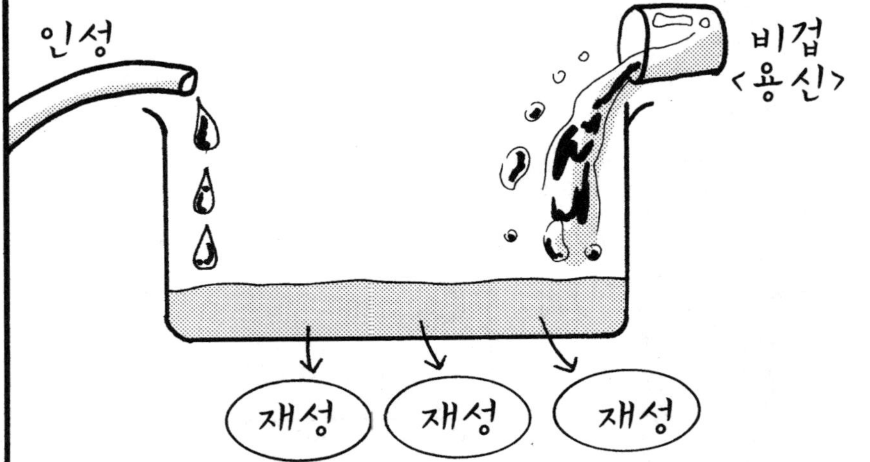

인성

비겁 <용신>

재성 재성 재성

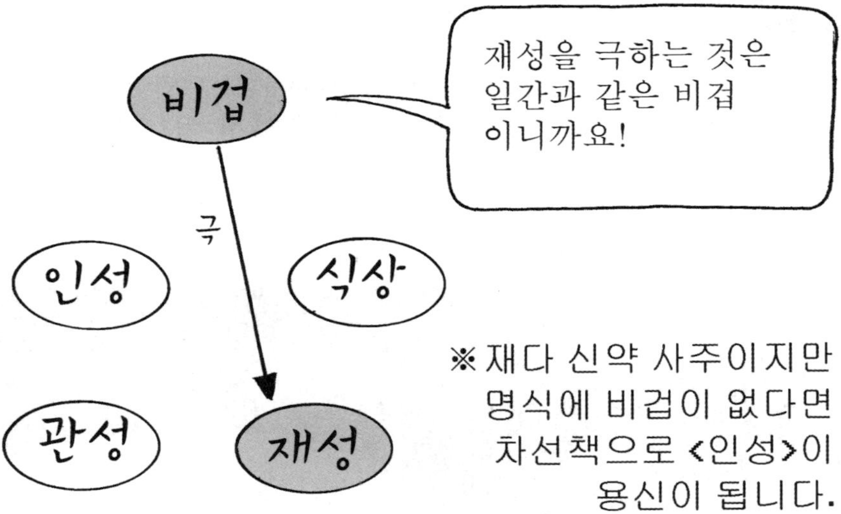

비겁

극

인성 식상

관성 재성

재성을 극하는 것은 일간과 같은 비겁이니까요!

※ 재다 신약 사주이지만 명식에 비겁이 없다면 차선책으로 <인성>이 용신이 됩니다.

▶희용기구한을 표현

명식에서는 용신과 함께 희신, 기신, 구신, 한신도 찾아야 합니다!

용 신	사주를 중화시키는데 핵심적인 역할을 하는 오행
희 신	일간과 용신에게 직간접적으로 도움을 주는 오행, 용신을 보호하는 오행
기 신	용신을 극하는 오행
구 신	희신을 극하는 오행
한 신	나머지 한 개의 오행

<희신에 대하여>

희신은 용신을 보호하는 오행이라 하였습니다. 그럼 용신을 어떻게 보호하는 걸까요?

용신이 약하면 용신에게 힘을 보태주어 도와주며

용신이 강하면 용신의 힘을 빼주는 것 입니다. [설기]

예를 들어 水가 용신이라고 봅시다.
그럼 희신은 水를 생해주는 金과
水의 힘을 빼주는[설기해주는] 木 중에서 될 수 있는데,

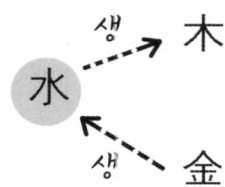

여기서 용신인 水가 약하면, 水에게 힘을 보태주는 金이
희신이 되겠고,

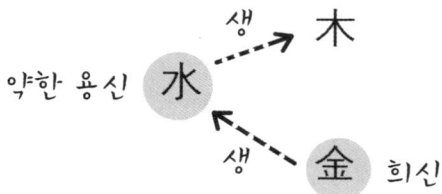

水가 강한 용신이라면, 水의 힘을 빼주는 木을 희신으로
볼 수 있는 거죠.

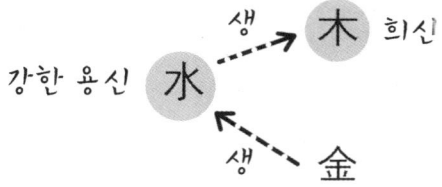

참고로 신약 명식에서 용신이
인성일 경우, 용신이 약하면
인성을 생하는 관성이
희신이며

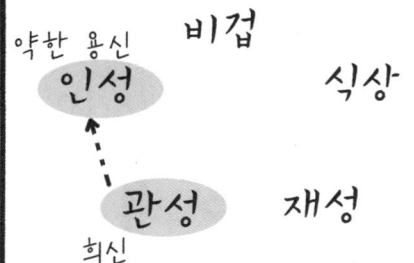

용신이 근이 있어 힘이 있을
경우는 용신의 힘을 설기하고
약한 일간을 돕는 비겁이
희신이 됩니다.

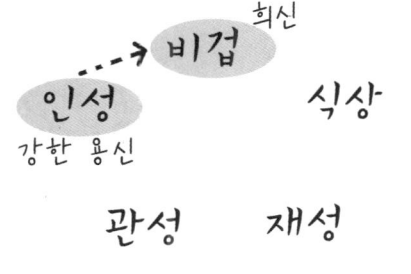

즉, 희신은 용신을 생해주기만 하는 것이 아니라 용신의 힘을 설기할 수도 있습니다.
중요한 것은 희신은 반드시 용신과 생관계로 이어진 오행 중에서 되어야 한다는 것이죠!

용신의 힘이 충분하다고 해서 용신과 극관계인 오행은 희신이 될 수 없단 말이죠! 용신의 힘이 충분하면 용신의 힘을 설기해주는 오행을 희신으로 봐야합니다! 잊지 마세요!

* 식상이 용신이면 희신은 재성

* 관성이 용신이면 희신은 재성

* 재성이 용신이면 희신은 관성 혹은 식상

* 인성이 용신이면 희신은 관성 혹은 비겁

* 비겁이 용신이면 희신은 인성으로 보면서 살펴야 합니다.

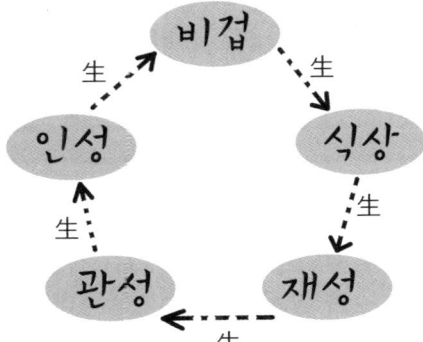

▶ 단순히 외우지 마시고 원리를 이해해야 합니다.

<용신론에 대한 수풍정의 견해>

용신론에 관하여 많은 이론이 있지만 어떤 이론이 정답이라고 결론을 내리기가 참 어렵습니다.

여러 이론을 접해보면 나름대로의 타당성을 갖추었기 때문에 초학분들이 갈등을 하게 되어있죠.

저 수풍정이 감정을 하면서 강약이 분명한 것은 일단은 억부용신을 적용하면서 다 해결하였습니다.
그러나 아리송한 것(중화된 명식)은 그 사람이 살아온 과정을 물어서 대운과 대입을 해보시기를 권합니다.

그러면 족집게는 못 되어도 엉터리 감정은 면할 수 있습니다.

그리고 운세를 대입할 때 용신 운이었는데도 그 때가 어려웠다는 얘기를 듣게 되면, 용신을 잘못 잡았다고 생각하거나 용신 무용론에 빠지게 됩니다.

이러한 경우 먼저 세운을 찾아서 대운과 함께 대입을 해봐야 합니다. 대운이 희용신이라도 세운이 기구신이면 어려울 수 있습니다.

그리고 용신 운이 반드시 좋고 기구신이 반드시 나쁘다고 단정하여 판단하면 안 됩니다.

희신 용신 기신 구신 한신이라는 것은 명식이 신강인지 신약인지 판단한 결과에 의한 기본적인 의미 분석일 뿐

실제로 희용신 운에서 발복하려면 사주 원국이 운에서 들어오는 희용신 운을 수용하고 절실히 필요한 경우여야 합니다.

용신을 찾는 이유는 용신을 살펴보면 살아가는 모습을 알 수가 있고, 용신을 기준으로 운세를 분석하기 위함인데

운세의 흐름이 원국의 기운에 따라 좋고 나쁨이 편차를 가지고 있다는 것도 명심해야 합니다.

요즘 주변에 보면 용신 무용론을 거론 하시는 분들이 있습니다. 일부분 운세 대입 시, 잘 맞지 않는다고 그런 얘기를 하는지 모르겠습니다만

용신은 원국 자체에서 사주 주인의 생활 패턴을 알 수 있고 특히 역경에 대응하는 모습을 알 수 있으므로 그 사람의 직업적성을 분석하는 데 중요한 기초 자료가 되고, 또한 용신은 운을 분석하는 기본적인 근거가 되는 것이므로 아주 중요하다고 하겠습니다.

사주를 통하여 아주 세세한 부분까지 알아보려고 하다 보니 용신보다는 원국 분석을 통하여 그 사람의 길흉을 알아 맞추려는 욕심 때문이라고 하겠습니다.

필자는 사람의 특성은 약 **60~70%**는 유전인자와 환경적 특성이 지배를 하며, 개인이 타고난 특성 즉 사주에 의한 의미는 **30~40%** 정도를 알 수 있다고 봅니다.

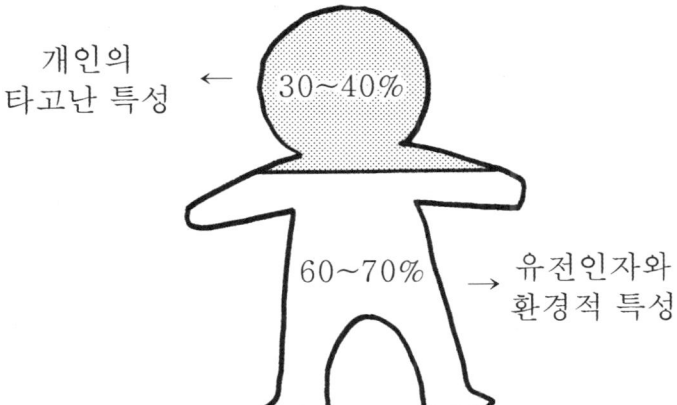

이 **30%**만 잘 활용한다고 해도 인생에 있어서 사주는 유용하고 가치있는 학문이 될 수 있다고 봅니다.

▶ 신강 신약과 강약의 의미

흔히 용신을 공부하면서 신강 신약을 얘기하게 되는데 한자로 身强 身弱으로 대부분의 책에서 표시하고있습니다.

신 강 (身 强)
신 약 (身 弱)

그렇다면 그냥 강약으로 표현하면 되지 않을까요?

신강 신약이 그냥 강약과 다르기 때문에 표현한다면 辛强 辛弱이 맞다고 봅니다. 즉 신강 신약은 억부용신에서 균형의 문제로 볼 때 표현하는 용어입니다.

그러나 일반적으로 강약으로 표현하면 사주의 힘을
의미하는 근(根)의 강약을 얘기하는 것으로 봐야 합니다.

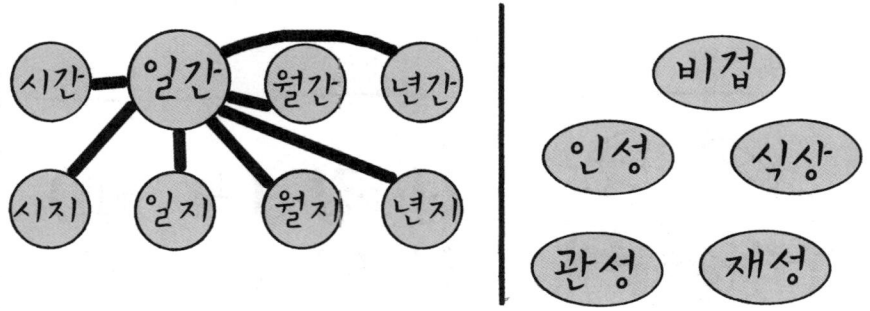

신약한 사주이지만 강한 경우도 있고, 신강한 사주이지만 근이
인성에만 의지하고 비겁이 미미하다면 약하다고 판단해야
하는 것입니다.

앞으로 이 부분을 잘
생각해서 명식을 설명해야
할 것입니다.
아울러 항상 명식을 분석
하려면 신강 신약을 구분
하는 훈련을 통하여
감각을 길러야 합니다.

▶신강 신약을 혼동하게 만드는 土에 대한 해설

* 火의 영역에서의 辰土

<辰 土>
火의 영역 (火의 일생)

寅 ... 午 ... 戌
생성　　　왕성　　　소멸

寅	卯	辰	巳	午	未	申	酉	戌	亥	子	丑
잉태됨	엄마 뱃속에서 자람		태어남	가장 좋은 계절	죽음	혼으로써 존재		소멸			

辰土는 火의 영역에서는 활성 영역이라서 辰月의 火는 힘을 얻을 수 있습니다. 그러나 지지의 火와의 작용을 습토로서 火의 기운을 설기하는 것으로 봐야 하겠지요.

辰土 (乙癸戊)　　　습하고 따뜻한 土

* 木의 영역에서의 辰土

<辰 土>
木의 영역 (木의 일생)

亥 ... 卯 ... 未
생성　　　왕성　　　소멸

亥	子	丑	寅	卯	辰	巳	午	未	申	酉	戌
잉태됨	엄마 뱃속에서 자람		태어남	가장 좋은 계절	죽음	혼으로써 존재		소멸			

木의 영역에서는 木의 죽는 자리라서 강한 영향력은 어렵지만 어느 정도 안정적인 지원은 기대할 수 있습니다.

* 水의 영역에서의 辰土

<辰 土>
水의 영역(水의 일생)

申 ... 子 ... 辰
생성　　　왕성　　　소멸

申	酉	戌	亥	子	丑	寅	卯	辰	巳	午	未
잉태됨	엄마 뱃속에서 자람		태어남	가장 좋은 계절	죽음	흙으로써 존재		소멸			

水의 영역에서는 그 기[氣]가 소멸되는 위치라서 水의 뿌리로서는 거의 기대하기 어렵습니다.

* 金의 영역에서의 辰土

<辰 土>
金의 영역 (金의 일생)

巳 ... 酉 ... 丑
생성　　　왕성　　　소멸

巳	午	未	申	酉	戌	亥	子	丑	寅	卯	辰
잉태됨	엄마 뱃속에서	자람	태어남	가장 좋은 계절	죽음	혼으로써	존재	소멸			

金의 영역에서는 아예 빠져 있으므로 뿌리라 할 수 없습니다.

辰土는 상당 부분의 木 기운 즉 봄의 끝자락이라서 土의 근으로 쓰기가 어렵습니다.

봄(木)	여름(火)	가을(金)	겨울(水)
寅	巳	申	亥
卯	午	酉	子
辰	未	戌	丑

* 火의 영역에서의 戌土

<戌 土>

火의 영역 (火의 일생)

寅 ... 午 ... 戌
생성　　　왕성　　　소멸

寅	卯	辰	巳	午	未	申	酉	戌	亥	子	丑
잉태됨	엄마 뱃속에서 자람		태어남	가장 좋은 계절	죽음	혼으로써 존재		소멸			

火의 영역에서는 火의 기운이 소멸되는 자리라서 뿌리로서 기대하기 어렵습니다.

戌土 (辛丁戊)

차갑고 건조한 土

* 木의 영역에서의 戌土

<戌 土>
木의 영역 (木의 일생)

亥	...	卯	...	未
생성		왕성		소멸

亥	子	丑	寅	卯	辰	巳	午	未	申	酉	戌
잉태됨	엄마 뱃속에서	자람	태어남	가장 좋은 계절	죽음	혼으로써 존재		소멸			

木의 영역에서는 아예 빠져 있으므로
뿌리가 될 수 없습니다.

* 水의 영역에서의 戌土

＜戌 土＞
水의 영역 (水의 일생)

申 . . . 子 . . . 辰
생성　　　왕성　　　소멸

申	酉	戌	亥	子	丑	寅	卯	辰	巳	午	未
잉태됨	엄마 뱃속에서 자람		태어남	가장 좋은 계절	죽음	혼으로써 존재		소멸			

戌土는 水의 영역에서는 활성 영역이라 비록 土극水이나 水의 뿌리가 된다고 하겠습니다.

* 金의 영역에서의 戌土

<戌 土>
金의 영역 (金의 일생)

巳 ...	酉 ...	丑
생성	왕성	소멸

巳	午	未	申	酉	戌	亥	子	丑	寅	卯	辰
잉태됨	엄마 뱃속에서 자람		태어남	가장 좋은 계절	죽음	혼으로써 존재		소멸			

金의 영역에서는 金이 죽는 자리이지만
土생金의 지원이 있어 강한 힘의 원천이 된다고
하겠습니다.

戌土는 土가 근으로 쓰는 여름을
한참 지난 지점에 있기 때문에 土의
근으로는 무기력하지만 건토(乾土)
이므로 어느정도 안정감은
기대할 수 있습니다.

* 火의 영역에서의 丑土

<丑土>
火의 영역 (火의 일생)

寅 ... 午 ... 戌
생성　　왕성　　소멸

寅	卯	辰	巳	午	未	申	酉	戌	亥	子	丑
잉태됨	엄마 뱃속에서 자람	태어남		가장 좋은 계절	죽음	혼으로써 존재		소멸			

火의 영역에서는 아예 빠져 있어 뿌리가 될 수 없으며 비록 설기하나 습토라서 土극火의 치명상을 입히게 됩니다.

丑土 (癸辛己)

> 차갑고 습한 土라 오히려 火에게 치명상을 입혀요!

* 木의 영역에서의 丑土

<丑 土>

木의 영역 (木의 일생)

亥 ... 卯 ... 未
생성　　왕성　　소멸

亥	子	丑	寅	卯	辰	巳	午	未	申	酉	戌
잉태됨	엄마 뱃속에서 자람		태어남	가장 좋은 계절	죽음	혼으로써 존재		소멸			

木의 영역에서는 활성 영역으로서 木의 강한 뿌리가 됩니다.

* 水의 영역에서의 丑土

<丑 土>
水의 영역 (水의 일생)

申 ... 子 ... 辰
생성　　　왕성　　　소멸

申	酉	戌	亥	子	丑	寅	卯	辰	巳	午	未
잉태됨	엄마 뱃속에서 자람		태어남	가장 좋은 계절	죽음	혼으로써 존재		소멸			

水의 영역에서는 水의 죽는 자리라서
어느 정도의 뿌리는 되지만 土극水의 영향을
참고로 해야 합니다.

* 金의 영역에서의 丑土

< 丑 土 >
金의 영역 (金의 일생)

巳 ... 酉 ... 丑
생성　　　왕성　　　소멸

巳	午	未	申	酉	戌	亥	子	丑	寅	卯	辰
잉태됨	엄마 뱃속에서 자람		태어남	가장 좋은 계절	죽음	혼으로써 존재		소멸			

金의 영역에서는 그 기의 소멸하는 자리라서 뿌리로 기대하기 어렵습니다.

丑土는 土가 반가워하는 火 즉 여름과 정반대의 계절에 있으므로 土의 근(根)으로 볼 수 없는 것을 잊지 말아야 합니다.

* 火의 영역에서의 未土

<未土>
火의 영역 (火의 일생)

寅 ... 午 ... 戌
생성　　　왕성　　　소멸

寅	卯	辰	巳	午	未	申	酉	戌	亥	子	丑
잉태됨	엄마 뱃속에서 자람		태어남	가장 좋은 계절	죽음	흔으로써 존재		소멸			

火의 영역에서는 火의 죽는 자리이며
火의 기운을 설기하지만 水의 공격으로부터
火를 보호하고 조열한 土라서 어느 정도
火의 뿌리가 됩니다.

未土 (丁乙己)

뜨겁고 건조한 土

* 木의 영역에서의 未土

<未 土>
木의 영역 (木의 일생)

亥 ... 卯 ... 未
생성　　　왕성　　　소멸

亥	子	丑	寅	卯	辰	巳	午	未	申	酉	戌
잉태됨	엄마 뱃속에서	자람	태어남	가장 좋은 계절	죽음	흔으로써 존재		소멸			

木의 영역에서는 그 기가 소멸하는 자리라 뿌리로서 역할을 기대하기 어렵습니다.

* 水의 영역에서의 未土

<未土>
水의 영역 (水의 일생)

申 ... 子 ... 辰
생성　　　왕성　　　소멸

申	酉	戌	亥	子	丑	寅	卯	辰	巳	午	未
잉태됨	엄마 뱃속에서 자람		태어남	가장 좋은 계절	죽음	흔으로써 존재		소멸			

水의 영역에서는 빠져있고 건조한 土로서
水극火를 하니 치명적입니다.

* 金의 영역에서의 未土

<未土>
金의 영역 (金의 일생)

巳 ... 酉 ... 丑
생성　　　왕성　　　소멸

巳	午	未	申	酉	戌	亥	子	丑	寅	卯	辰
잉태됨	엄마 뱃속에서 자람		태어남	가장 좋은 계절	죽음	혼으로써 존재		소멸			

金의 영역에서는 활성 영역이지만 火극金의 계절이라 강한 지원은 어렵지만 金에게 안정을 줄 수는 있습니다.

未土는 여름의 土이므로 土의 근으로는 가장 강한 역할을 합니다.

辰土나 丑土는 土의 근이나 金의 근으로는 기대하기 무리지만 각각 비겁과 인성으로의 특성은 설명되어야 합니다.

억부용신을 공부하는데 가장 애를 먹는 부분이 土를 어떻게 판단하느냐에 있습니다. 위의 내용을 지지삼합의 원리와 함께 생각하면 해결 될 수 있습니다.

이제 앞에서 배운 용신론을 최종적으로 정리해 보겠습니다.

여러분이 명식을 받으면 제일 먼저

1. 신강, 신약을 구분해야합니다.

신강인지 신약인지 구분이 되었다면

2. 용신을 찾아야 합니다.

- 용신은 균형입니다.
- 대다수의 사람들은 신약 명식이고 신약 명식은 용신을 찾기도 쉽습니다.

왜냐하면 신약한 명식은 인성과 비겁이 부족하다는 뜻이죠.

인성　비겁 ｜ 식상　재성　관성

반대로 신강하다는 것은 인성과 비겁이 많다는 뜻이죠.

그렇다면 이 신강한 명식은 인성과 비겁이 부족하기 때문에 균형을 맞추기 위해서 인성과 비겁이 필요하게 됩니다.
즉, 운에서 인성과 비겁이 오게 되면 균형이 이루어 진다고 볼 수 있습니다.

앞에서 배운 불안정한 비행기의 새똥이론을 잘 생각해 보세요!

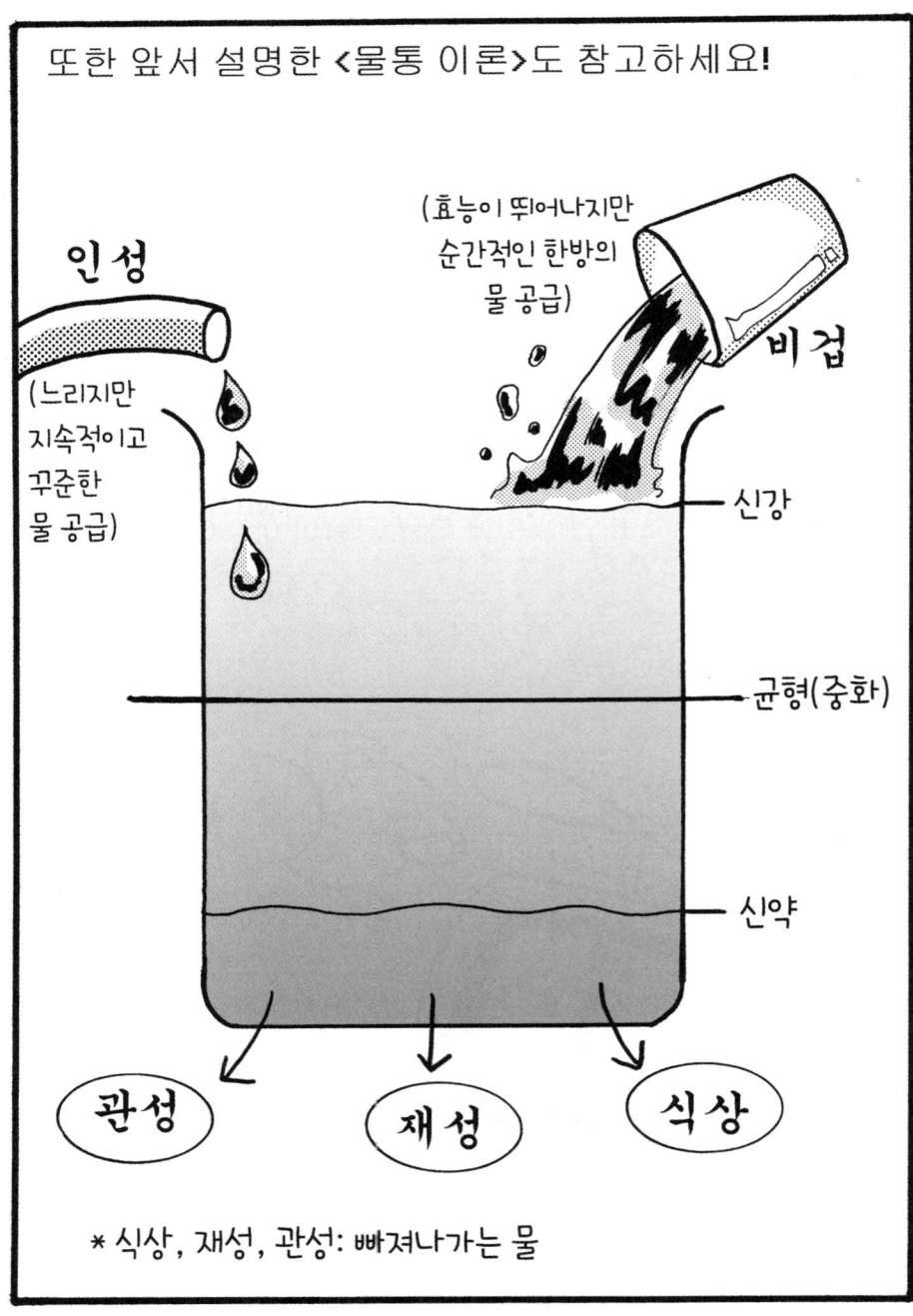

신약

신약 명식은 물이 부족하므로 인성과 비겁이 필요하게 됩니다. 그래서 신약 명식은 인성 또는 비겁이 용신이 되는 거죠.

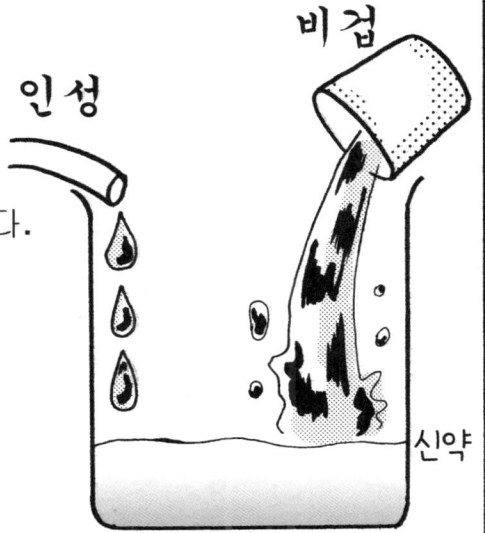

이중에서도 지속적으로 꾸준히 물을 주는 인성이 우선이었죠.

명식에서 인성이 없거나 재다신약의 경우에만 비겁을 용신으로 씁니다.

인성(×), 재다신약
→ 비겁 용신

신 강

그렇다면 신강은 어떤 것이 용신이 될까요?

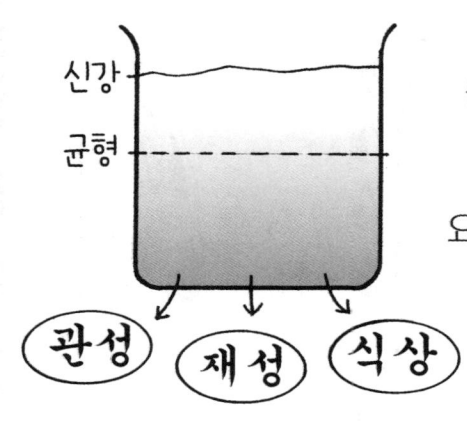

인성과 비겁이 많아서 신강해졌기 때문에 물을 공급해 주는 인성과 비겁은 더이상 필요가 없게 되고, 물을 빼내는 요소인 식상, 재성, 관성이 필요하게 되는 거죠.

먼저, 인성이 많아 신강해진 명식은 재성을 용신으로 씁니다.

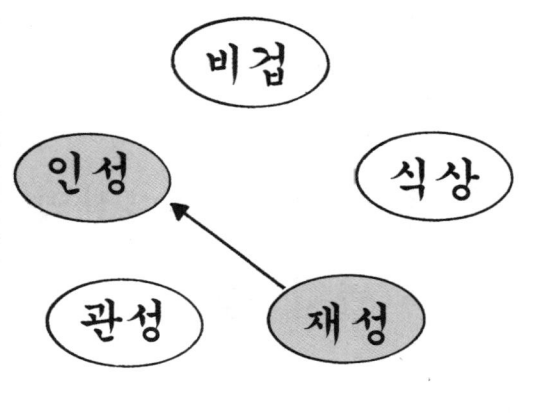

[인성을 극하는 것이 재성이기 때문이죠!]

옛날 사람들에게 활동력이 강화된다는 것은 벼슬을 하고 공직에 나가는 것이나 농사를 짓는 것 말고는 활동이 거의 없었죠.

그래서 이런 시대에는 관성(공직에 나가는 것)이 주로 용신으로 쓰였습니다.

그러나 현대에는 직업도 다양해지고 자신의 능력을 발휘하며 살아가는 사람들도 많아졌습니다.

자신의 능력을 발휘하는 것이 바로 식상이지요.
따라서 요즘은 식상을 용신으로 많이 쓰는 추세라고 볼 수 있습니다.

그래서 명리를 공부할 때 옛날이나 지금이나 기본 원리는 같지만 사회적 특성을 염두에 두면서 공부하는 것이 나을 것 같습니다.

그렇다면 무조건 식상을 쓰느냐? 그것은 아닙니다.

강한 일간의 기운을 관으로서 어느정도 통제가 가능할 때는 〈관성〉을 용신으로 씁니다.

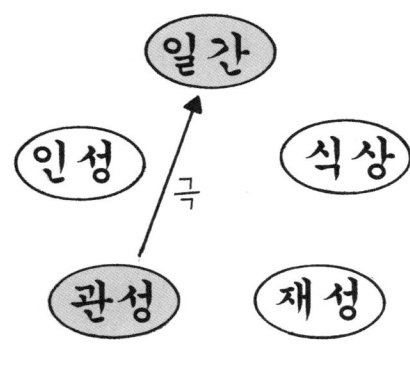

그런데 일간의 힘이 너무 강해서 관으로 통제가 힘들 때는 식상이 용신으로 더 적합합니다.

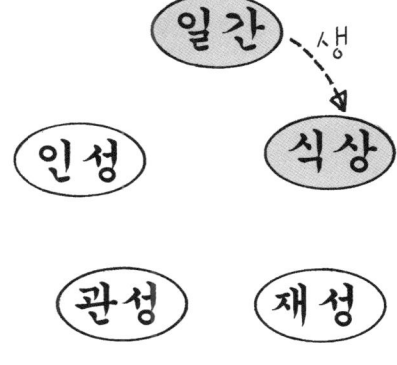

예를 들자면, 강물이 밀려들어 올 때, 어느 정도 통제가 가능한 강물은 댐으로 막을 수 있으나

물의 양이 엄청나게 많을 경우엔 댐이 버티질 못하고 무너지게 되죠.

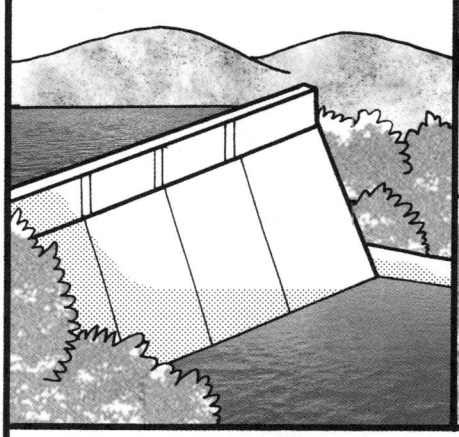

그래서 이럴 땐 댐을 열어 물을 어느 정도 흘려보내게 되죠. 바로 이렇게 물을 흘려 보내는 것을 식상이라고 생각하시면 됩니다.

일간이 木일 경우 식상은 火가 되죠. 이렇게 흘려보내는 것을 <설기>라고 합니다. 기운을 뺀다는 의미죠!

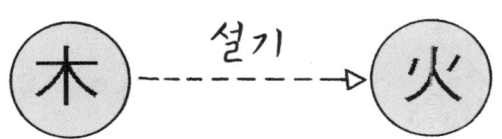

이것이 바로 용신 찾는 방법의 기본이론 입니다. 이를 바탕으로 우리는 용신을 찾아내야 합니다!

용신을 찾았으면

3. 희신, 기신, 구신 한신도 찾아야 합니다.

- 희신을 찾기 위해선 용신이 강하냐 약하냐를 판단해야 합니다.
- 희신은 용신과 일간 모두를 만족할 수 있는 오행이어야 합니다.

* 앞서 배운 <희용기구한>을 참고하세요!

용신이 강하면 용신을 설기하는 오행이 희신이 되고,	용신이 약하면 용신을 생해주는 오행이 희신이 됩니다.
ex) 木용신→강할 때 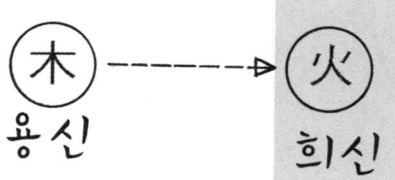	ex) 木용신→약할 때 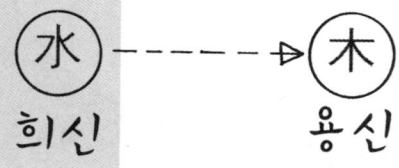

그럼 실제로 명식을 보면서 분석해 보겠습니다.

癸 甲 庚 癸
酉 午 戌 卯

- 이 명식은 戌月에 태어난 木입니다.
- 戌月은 늦가을 입니다.
- 木은 겨울에 충분한 힘을 받아 봄을 통해 자신의 역량을 발휘하고 여름에 모든 결실을 맺고, 가을에 모든 소임을 다 합니다. 그래서 木은 가을이 되면 힘이 없지요.

우선 신강, 신약을 판단하기 위해 득령, 득지, 득세를 살펴봐야 합니다.

득세	일간	득세	득세
득세	득지	득령	득세

木일간이 득령과 득지를 하기 위해선 월지와 월령에 인성 또는 비겁인 水와 木이 와야 합니다.

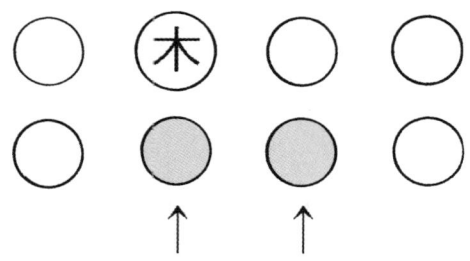

癸 甲 庚 癸
酉 午 戌 卯

그런데 이 명식은 월지에 水도 木도 아닙니다. 인성과 비겁이 아닌 재성(편재)이 왔죠. 득령을 못 했습니다.

다음 일지를 봅니다.

癸 甲 庚 癸
酉 午 戌 卯

일지도 역시 인성과 비겁이 없습니다. 득지도 못 했습니다. 그렇다면 신약할 확률이 매우 높아집니다.

나머지 자리에서 인성과 비겁을 찾아 봅니다. [득세]

癸 甲 庚 癸
酉 午 戌 卯

년간의 癸水와 년지의 卯木, 시간의 癸水에 의존해 살아가는 신약한 사주입니다.

그래서 용신은 인성이나 비겁 둘 중 하나가 되어야 하지요.

우선 비겁을 용신으로 쓰는 재다신약 명식인지 살펴봅니다.

癸 甲 庚 癸
酉 午 戌 卯

이 명식에 재성은 월지[戌] 하나뿐이므로 재다신약이 아닙니다. 그럼 당연히 인성이 우선이 되죠.

이 명식에서 인성은 癸水 입니다.
따라서 이 명식은 용신이 水가 됩니다.

癸 甲 庚 癸
酉 午 戌 卯

용신 : 水

그럼 희신은 뭐가 될까요?
희신은 용신과 일간 둘 다 만족할 수 있는
오행이어야 합니다. 또한 희신은 반드시 서로
생관계여야만 합니다.

이 명식의 용신은
水이므로 水와 생관계가
되는 오행인 木과 金이
희신 후보가 됩니다.

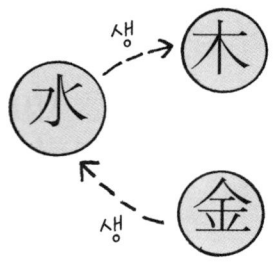

용신인 水는 지지의 酉金과 천간의 庚金으로부터 생을 받고 있습니다. 그래서 용신을 도와주지 않더라도 용신은 살아갈 수가 있지요.

癸 甲 庚 癸
酉 午 戌 卯

용신 水

그러나 일간은 가을(戌)의 木이라서 상당히 기가 빠져 있고, 시간의 癸水가 水生木을 해주고 있지만 월간의 庚金으로부터 항상 위협을 받고 있는 상황이지요.

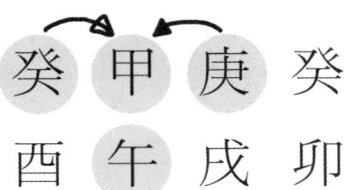

물론 앉은 자리도 火기 때문에 상당히 불안한 모습입니다.

그래서 일간에게 친구를 하나 붙여주는 것도 괜찮을 것 같습니다. 즉 희신은 金보다는 일간의 친구도 되어 줄 수 있는 木으로 쓰는 것이 좋습니다.

癸 甲 庚 癸
酉 午 戌 卯

용신 水
희신 木

용신과 희신을 다 찾았으니 나머지 기신, 구신, 한신은 쉽게 정해지겠지요.

용신 水
희신 木
기신 土 (용신을 극하는 오행)
구신 金 (희신을 극하는 오행)
한신 火 (남는 오행)

여기서 용, 희, 기, 구, 한은 왜 찾을까요?
바로 운세를 살펴보기 위함인데요.
이것은 알아보기 쉽게 기호로 표기해 봅시다.

* 용신은 가장 좋은 운이니
  ○로 표기해 봅시다.

*희신은 그보단 약간 못하니
  △로 표기해 봅시다.

* 기신은 아주 나쁘니
  / 로 표시합시다.

* 구신도 좀 나쁘니
  ―로 표시합니다.

* 한신은 좋지도 나쁘지도
  않으니 ∨로 표기합니다.

제일 좋은 순에서 안좋은 순으로 순서를 매겨 보자면

① 용신 水 [○]   ② 희신 木 [△]   ③ 한신 火 [∨]

④ 구신 金 [―]   ⑤ 기신 土 [/]

이렇게 되겠지요.

▶희용기구한의 사용

우리가 사용하는 명식을 명[命]이라 하고

癸 甲 庚 癸　　（命）
酉 午 戌 卯

대운이란 것이 있지요. [*명식세우기 참조]

62	52	42	32	22	12	2	
癸	甲	乙	丙	丁	戊	己	대
卯	辰	巳	午	未	申	酉	운

　　○ 용신　水
　　△ 희신　木
　　／ 기신　土
　　― 구신　金
　　∨ 한신　火

앞서 우리가 찾은 희용기구한에 따라서 대운분석을 할 수 있습니다. 예를 들자면 **10**년마다 운세가 바뀐다고 보는데 대운에 희용기구한의 표식을 그대로 옮겨 적을 수가 있습니다.

62	52	42	32	22	12	2
癸	甲	乙	丙	丁	戊	己
(○)	(△)	(△)	(∨)	(∨)	(/)	(/)
卯	辰	巳	午	未	申	酉
(△)	(/)	(∨)	(∨)	(/)	(─)	(─)

己土 운은 초년 운인데 土니까 기신이죠. [/]
酉金은 金이니까 구신입니다. [∨]
戊土는 기신입니다. [/]
申金은 구신입니다. [─]

．
．
．

이런 식으로 희용기구한을 대운에 직접 표시해 보니
이 사람은 어릴 적에는 기신 즉 운이 안좋았으나
甲辰 대운부터 운이 점차 향상 됨을 알 수 있습니다.

이를 그래프로 그려
보자면 이런 식이
되겠지요.

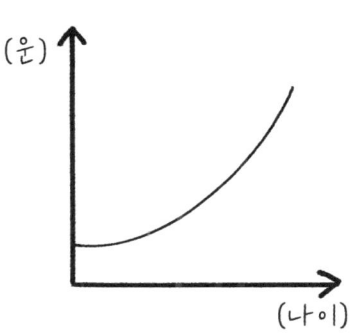

우리가 살아가며 일이 잘 풀릴때 '운이 있다'고 말합니다. 그래서 그 '운'이 언제인가를 알아볼 수 있는 거죠.

그런데 이 '운'이 있으면 다 잘 될까요?

그렇지 않습니다. 예를 들자면….

이 명식을 가진 사람과 똑같이 한 날 한 시에 태어난 사람이 여러명 있을 것입니다. 그럼 그 사람들이 모두 똑같은 시기에 똑같이 잘 될까요? 그렇지 않죠.

癸 甲 庚 癸
酉 午 戌 卯

사주 명식은 똑같지만 잘 사는 사람도 있고, 못 사는 사람도 있습니다. 같을 수가 없습니다. 그러면 뭐가 같을까요?

같은 날 같은 시에 태어난 똑같은 명식을 가진 사람들은 앞서 그린 그래프의 형태가 같습니다.

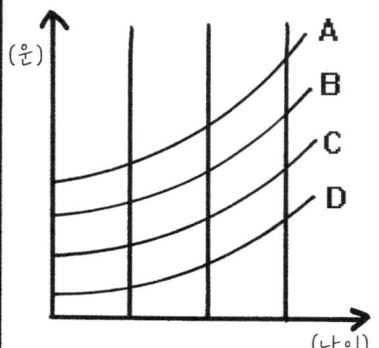

같은 선으로 똑같은게 아니라 시기적 곡선의 형태가 같다는 것입니다.

그래서 똑같이 잘 살고 못 살 수가 없다는 것은

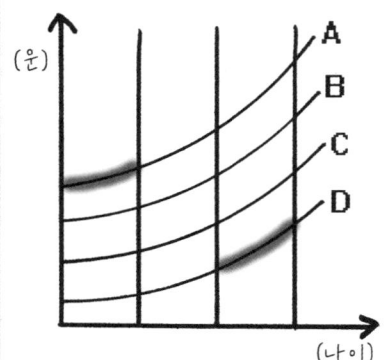

A라는 사람이 안 좋을 때라도 D라는 사람의 웬만큼 좋을 때 보다도 더 낫다는 것이죠.

이 차이는 바로 환경입니다.
환경에는 주어지는 환경과 내가 만들어내는 환경이 있습니다.

우리는 각자 사람마다 사회에 진출할 때 출발점이 다 다릅니다. 본인의 노력도 있겠지만 타고난 환경도 상당히 영향을 미칩니다.

예를 들자면 지금 현재 이 시간에 전국에서 아기들 20명이 태어난다고 가정한다면, 어떤 아기는 잘 사는 집에 태어날 수도 있고, 어떤 아기는 산골에서 농사짓는 사람의 아이로 태어날 수도 있습니다.

이런 식으로 같은 날 같은 시에 태어날지라도 인생의 출발점이 달라지게 되지요.

그렇다면 우리가 명리를 배우는 목적은 뭘까요?

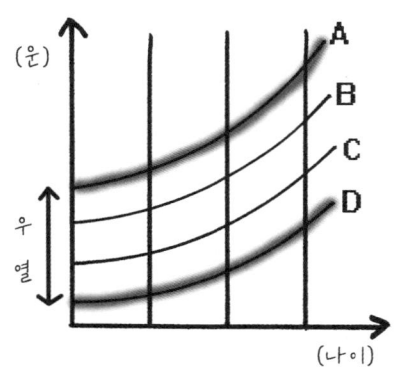

이 대운 분석을 통하여 '내'가 혹은 '내 자식'이 D라는 사람처럼 가기 보다는 A라는 사람처럼 가기를 원할 것입니다.

그럼 이 편차 혹은 우열 만큼의 환경을 조성하기 위해서 우리가 노력을 해야 한다는 소리죠.

명리학은 운명을 따라 운명대로 살자는 것이 아니고

운명을 효과적으로 개척하자는 데에 그 목표가 있다고 보겠습니다.

대운분석

이번에는 <대운분석>에 대해 설명을 드리겠습니다.

대운은 그 사람이 살아가면서 전반적인 운세의 흐름을 살피는데 아주 유용한 정보를 제공하는 구조로써 운의 큰 흐름을 뜻합니다.

<대운분석>은 앞서 배운 <용신>을 활용해서 그 사람의 운을 분석해내는 과정이에요.

우선 다음 명식을 보세요.

壬 甲 庚 癸　　　　(명)
申 午 戌 卯

63	53	43	33	23	13	3	
癸	甲	乙	丙	丁	戊	己	(대운)
卯	辰	巳	午	未	申	酉	

이 명식은 戌月의 甲木이며 천간의 水에만 의존하는 신약한 구조입니다. 그렇다면 용신은 水가 될 것이고 희신은 木으로 볼 수 있습니다. 기신은 土, 구신은 金, 한신은 火가 됩니다.
이렇게 찾은 용신, 희신, 기신, 구신, 한신을 기호로 표시해 보겠습니다. [앞서 배운 내용을 참고하세요!]

○ **용신** 水
△ **희신** 木
／ **기신** 土
━ **구신** 金
∨ **한신** 火

그리고 이렇게 찾은 희용기구한을 활용하여 대운을 분석해야 합니다. 그럼 이것을 어떻게 대입할까요?

▶대운분석의 방법론

대운 10년에서 천간지지의 작용관겨를 먼저 살펴서 원국에 대입을 해야 합니다.

우선 <개두>와 <절각>이란 것을 알아봅시다!

▷ 개 두(蓋頭)

<개두>란 천간에서 지지를 극하는 것을 말합니다.

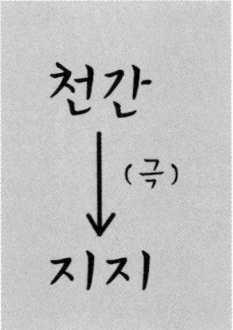

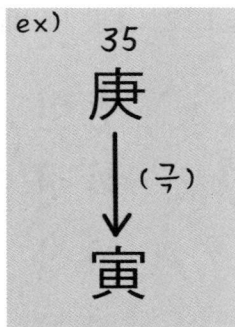

예를 들자면 35대운인데 庚寅대운이면,
천간의 庚金이 지지의 寅木을 극하는 모습이죠.
이런 구조를 <개두>라고 합니다.
이렇게 개두된 지지는 그 힘이 반감됩니다.
즉 개두가 되면 지지가 희용신이라도 그 길함이
반감되며, 지지가 기구신에 해당되어도 그 흉함이
반감됩니다.

▷ 절 각(切刻)

<절각>이란 지지가 천간을 극하는 것을 말 합니다.

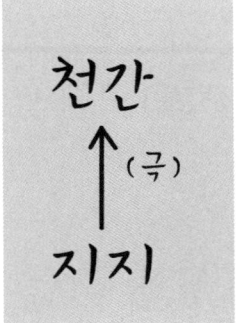 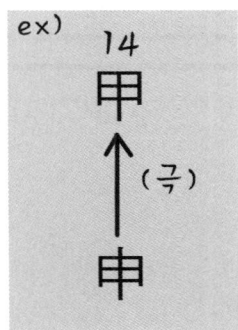

예를 들어 14세에 甲申 대운이면
지지에 있는 申金이 천간의 甲木을 극하는 구조가
됩니다. 이럴 때 천간의 甲木은 그 기능이 떨어지게
됩니다.

즉 <절각>이 되면 천간이 희용신이라도
그 길함이 반감되며, 천간이 기구신에 해당되어도
그 흉함이 반감됩니다.

그 다음은 <간지생>, <간지통>이란 것이 있습니다. 먼저 <간지생>부터 살펴봅시다!

▷ 간지생(干支生)

<간지생>이란 천간과 지지가 서로 생[生] 관계인 것으로

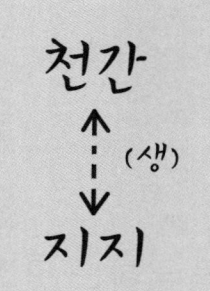
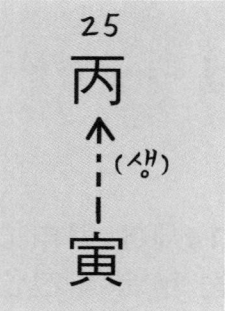

예를 들어 대운이 25세에 丙寅이면,
지지의 寅木은 천간의 丙火를 생하며 丙火의 힘이 더 커지는 구조입니다.
이렇게 천간과 지지가 서로 생[生]관계이면 생 받는 쪽의 역량이 더 증가됩니다.
즉 희용신이 <간지생>일 경우 그 길함은 더욱 증가되고, 기구신이 <간지생>일 경우 그 운은 더욱 나빠지게 됩니다.

▷ 간지통(干支通)

<간지통>이란 천간과 지지가 서로 같은 오행을 말합니다.

천간
=
지지

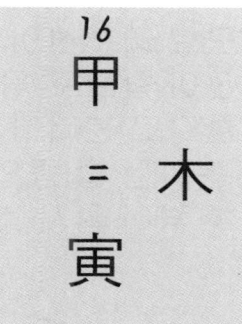

예를 들어 16세 甲寅 대운이면,
천간과 지지가 동일하게 木으로 형성됩니다.
이럴 경우 그 힘은 상당히 커지게 되며
원국에도 강한 작용을 하게 됩니다.

▷ 천간합(天干合)

운에서 들어오는 천간의 합은 강력하게 작용하므로 합이 되면 묶여서 꼼짝 못하기 때문에 영향력을 행사하지 못하게 됩니다.
그러므로 기구신이 합으로 묶이면 좋게 되고, 희용신이 합으로 묶이면 좋은 일이 엉뚱한 결과를 초래한다고 봅니다.
합의 분리는 합 중의 양 간이 충극을 받을 때 합의 효력이 일시 소멸 될 수 있다고 하겠습니다.

戊(운)   壬 甲 庚 癸
         申 午 戌 卯

운에서 들어오는 戊土와 년간의 癸水가 戊癸 합으로 戊土 운이 명식에 영향력을 주지 못하죠!

*천간합: 甲己합, 乙庚합, 丙申합,
　　　　 丁壬합, 戊癸합

▷ 지지암합(暗合)

지지의 암합은 표면으로는 극을 하는 모습이지만 실제로 지장간에서 암합을 하고 있으므로 극의 효과는 그다지 없다고 보여지므로 두 오행간의 작용을 세심하게 살펴야 합니다.

```
癸 甲 庚 癸
申(운) 酉 午 戌 卯
```

운에서 들어오는 申金과 년지의 卯木이 卯申암합이 됩니다!

*지지암합: 寅丑, 寅未, 子辰, 子戌, 卯申, 巳酉, 亥午

여러분은 이런 식으로 대운에서 개두, 절각, 간지생, 간지동 등을 살펴가지고 그 결과를 명식에 대입하셔야 합니다. 이것이 대운 대입 방법입니다.

만일에 개두, 절각일 경우 극을 받는 쪽이 희용신이라면 희용신은 그 역할을 제대로 발휘하기가 힘들어 집니다.

반대로 기구신이 극을 받는 개두, 절각의 구조일 경우, 나쁜 운이 오히려 반감되어 좋아지게 될 수도 있습니다.

희용신이 생을 받는다면 아주 좋을 것이고, 기구신이 생을 받게 되면 운은 더욱 나빠지게 되겠죠.

바로 이런 점들을 세심하게 살피며 대운 대입에 들어가야 합니다. 그럼 이런 것들을 원국(명식)에 어떻게 대입할까요?

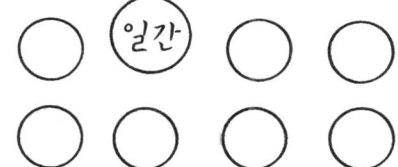

대운과 사주원국과의 영향력은 천간은 천간과, 지지는 지지와 작용력을 기본적으로 가진다고 봅니다.

천간은 천간대로!

지지는 지지대로!

물론 지지의 운이 원국의 천간에 그리고 천간의 운이 원국의 지지에 작용력이 없다고는 할 수 없으나 섬세하게 다루어야 할 부분입니다.

그리고 천간은 하늘의 기운이라서 변화가 빠르고 외형적이라서 그 작용력의 효과를 빨리 느낄 수 있으며

지지는 땅의 기운이라서 변화의 속도는 느리지만 지구력이 있어 그 영향력이 오래 갑니다.

대운은 10년을 주기로 끊어서 봅니다.
이를 원국에 대입하는 방식은 천간은 천간대로
지지는 지지대로 대입을 하게 됩니다.

여기서 주의해야 할 것은 일간에는 대입을 직접 하지
않는다는 점입니다.

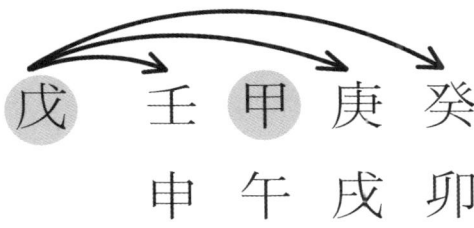

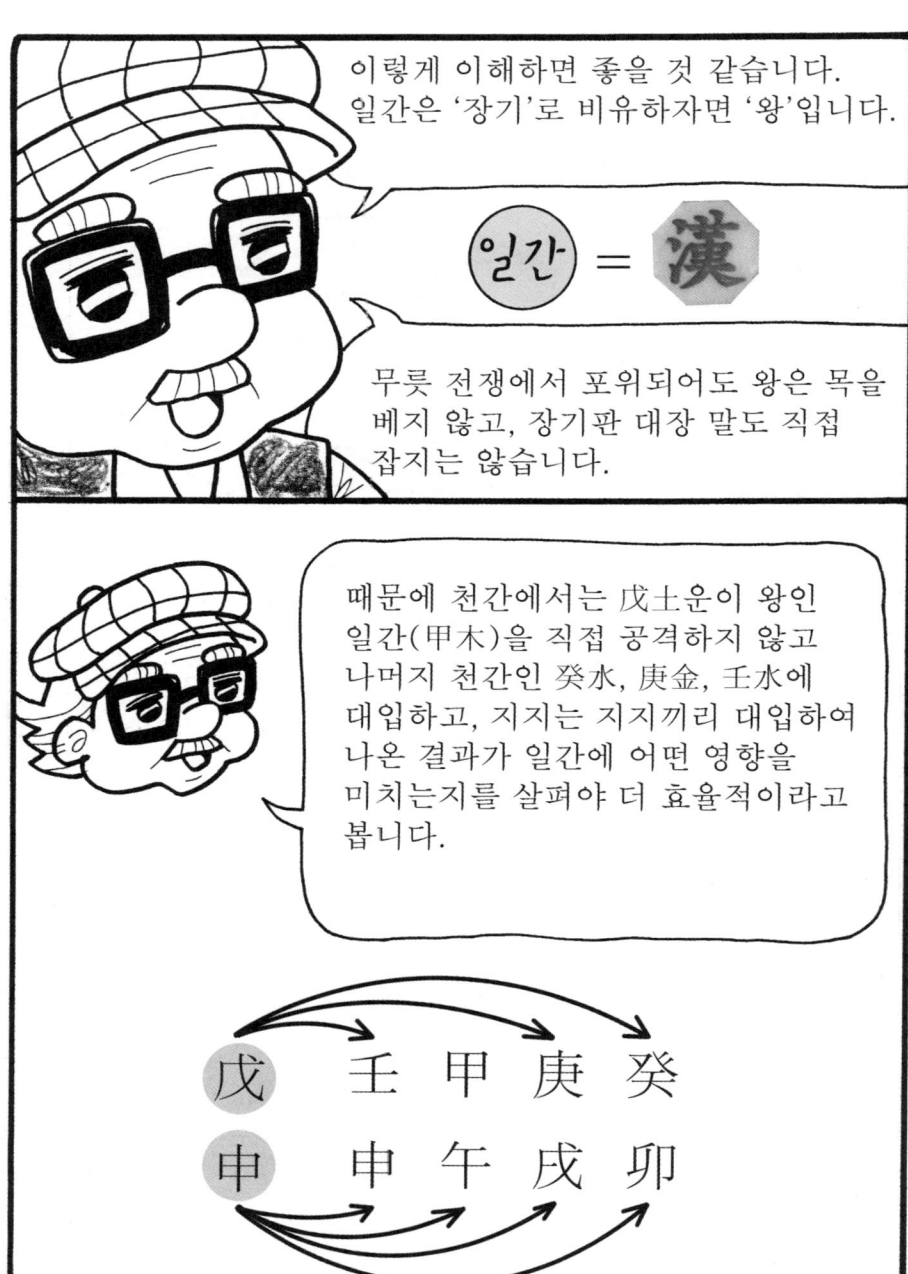

예를 들자면 천간에 庚金운이 올 때 일간에 바로
金극木 한다는 얘기가 아니고

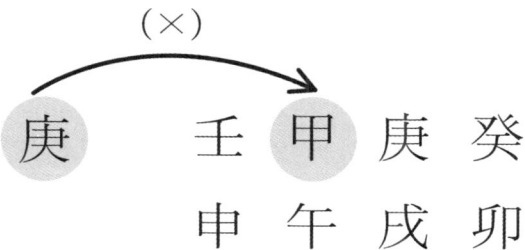

庚金이 오므로 편관운이 되고 살이 되므로

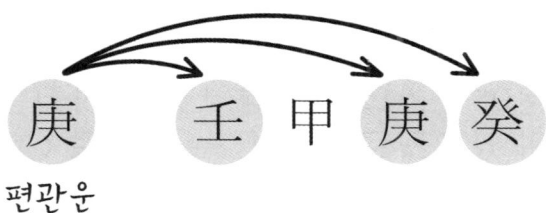

일간은 편관의 역할로인해 주변이 힘들어지는
분위기는 느낄 수 있지만 직접적인 金극木 작용은
없다고 보시면 되겠습니다. 이 차이는 나중에
운세 대입 시 상당한 차이를 불러일으키게 됩니다.

그럼 이제 본론으로 돌아와서 戊土운을 구체적으로 어떻게 대입하는지 살펴봅시다.

운을 대입할 때는 각자 따로 따로 살피는 것이 아닌 전체의 흐름을 함께 봐야 합니다. 무슨 뜻이냐면….

```
戊    壬 甲 庚 癸
申    申 午 戌 卯
```

戊土운이 년간의 癸水를 土극水 하지만 중간에 庚金이 있으므로 土생金, 金생水로 〈통관〉을 하게 됩니다.

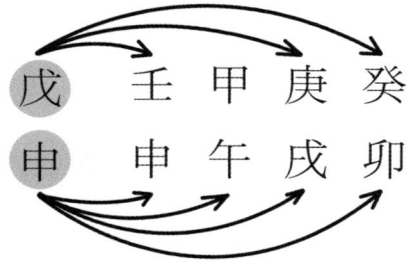

그래서 戊土운은 년간의 癸水를 그렇게 극하진 않습니다.

즉, 戊土는 기신 운이지만 기신의 역할은 조금 완화된다고 볼 수 있습니다.
물론 여기서 戊土는 戊癸합이 되겠지만 운세 대입의 기본적인 설명을 위하여 土극水로만 보겠습니다.

그럼 지지 쪽은 어떨까요?

戊　　壬　甲　庚　癸
㊙申　　申　午　戌　卯

申金운은 지지에 모두 대입을 합니다. 4개의 지지 모두에게 다 작용하는 거죠.

- 우리가 지지에서 살필 것은 월령(월지)를 먼저 봐야 합니다. 왜냐하면 월(月)이라는 특성은 명식 전체에 영향을 미치는 요소이기 때문이죠.

- 다음으로 살필 것은 일지입니다. 일지는 일간에 직접적인 힘의 작용을 살펴볼 수 있는 자리이므로 일지도 잘 살펴야 합니다.

- 즉, 지지의 운세 대입은 월지를 먼저 살피고, 일지를 살핀 후에 나머지 지지와의 전체 흐름을 살펴봐야 합니다.

① **월지**
② **일지**

여기서 잠깐 짚고 넘어갈 것이 있습니다.

우리는 <오행이 보호되어 있다>고 이야기 할 수 있는데 '보호된다'는 것은 무엇을 의미하는 걸까요?

예를 들어 午火가 있는데, 午火는 子水를 가장 두려워 하죠. 子水가 水剋火를 하는데 이 과정을 <통관>시킬 수 있는 오행이 木입니다.
즉, 寅木이 午火를 보호해 줄 수 있겠죠.

또한 午火 옆에 未土가 있다면, 未土는 子水가 午火를 극하는데 옆에서 방해를 하게 됩니다.

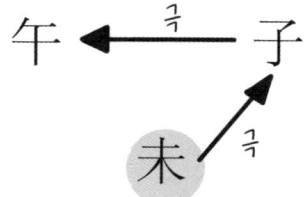

그래서 午火는 생관계에 있는 未土나 寅木 두 개의 오행으로부터 보호되고 있다고 봅니다. 그러나 보호되어 있다고 해서 水剋火를 하지 못하는 것은 아닙니다. 水剋火를 하고 있지만 보호해주는 오행이 있기 때문에 극하는 힘을 어느정도 감소시킨다고 보는 것이죠.

여기서 寅木처럼 생으로서 보호하는 것과 未土처럼 극을 함으로서 보호하는 의미는 또 달라집니다. 이러한 것들은 전체적인 흐름을 보며 감각을 잡아나가야 합니다.

<통관>에 대한 자세한 설명은 다음 글을 참고하세요!

▷ 통관작용

<통관>이란 극 관계에 있는 두 오행간에 다른 오행이 들어가서 3가지 오행이 생으로 흘러가게 하는 것을 말합니다.

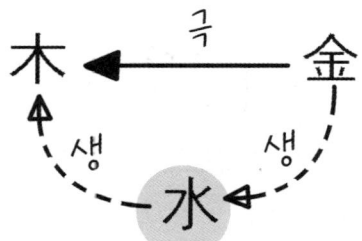

극하는 둘 사이를
생함으로써
통관해 주는 오행!

원국에서 충이 형성되어 있는 경우 대운에서 통관해주는 오행이 들어올 때는 충이 어느 정도 해소됩니다. 특히 통관해 주는 오행이 희용신에 해당된다면 운세가 비약적인 발전을 하게 됩니다.
또한 운에서 원국을 충한다고 해도 원국에 통관해 주는 오행이 있다면 충의 피해는 현저히 줄어든다고 봅니다.

▷ 지지충극

대운분석을 할 때는 지지충극도 살펴봐야 합니다. 충에 대한 것은 만화명리학 1편에서 상세히 다루었죠!

생지	寅(木)	巳(火)	申(金)	亥(水)
왕지	卯(木)	午(火)	酉(金)	子(水)
고지	辰(土)	未(土)	戌(土)	丑(土)

지지육충	寅 申 巳 亥	생지충
	子 午 卯 酉	왕지충
	辰 戌 丑 未	고지충

운에서 원국을 충극하거나 원국에서 운을 충극할 때는 충극하는 오행간의 문제 발생 상황을 살펴야 합니다.

생지충과 왕지충은 그 충의 강도에서 차이가 나며, 그 충에 해당되는 십성의 피해를 살펴서 통변해야 합니다. 그리고 충극하는 쪽의 피해도 역시 고려해야 합니다. 즉 지지육충은 극의 범주로 봐도 무방합니다.

단, 辰戌충과 丑未충은 큰 의미가 없으므로 고려하지 않습니다.

또한 운에서 월지를 충극할 때는 주변 환경의 변화, 그리고 사회적인 변화와 현 위치에서의 이동을 살펴야 합니다.

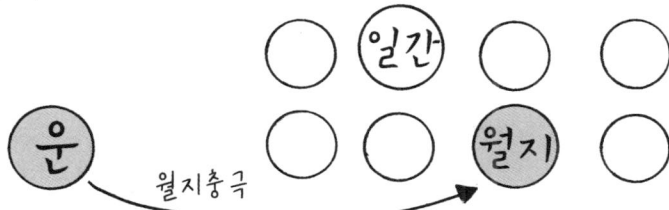

운에서 일지를 충극하게 되면 정신적 불안감과 혼란이 더욱 강하고 특히 충극 당하는 오행의 건강 문제도 살펴야 하며 사고도 조심을 해야합니다.

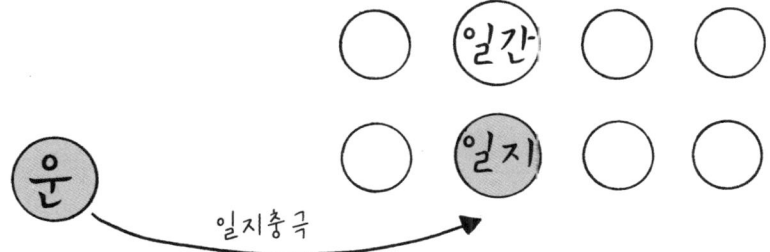

더구나 일지는 남자에게 있어서는 처이므로 부부사이의 갈등이나 다툼 등을 조심해야 하는데 사주 원국에 통관해주는 오행이 없을 경우 이혼, 사별의 위험도 있습니다.

충극을 살필 때는 항상 충극당하는 오행이 희용기구한 중 어디에 해당되는지 먼저 가린 다음 충극의 결과가 좋은지 나쁜지를 판단해야 합니다.

그리고 충극하거나 충극 받는 오행이 어느 곳에 있는지 그 힘의 강함이 어느 쪽이냐에 따라서 충극의 피해 정도를 가늠해야 하기 때문에 주변 상황을 살피는 것을 잊지 말아야 합니다.

<세운분석>

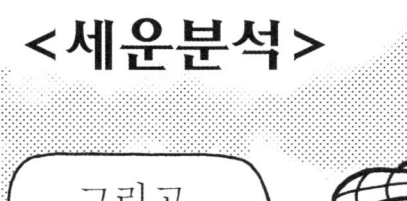

<세운>은 <해운>이라고도 하는데, 해마다 오는 운을 뜻합니다.

그리고 대운만 있는 것이 아니고 <세운>도 있습니다.

대운은 개인에게 부여된 기운의 흐름이라면 세운은 누구에게나 적용되는 한 해의 운을 의미합니다.

예를 들어 올해를 己丑年이라고 할 때, 대운은 각자 사람마다 다른 구조를 가지고 있지만

壬 甲 庚 癸
申 午 戌 卯

63	53	43	33	23	13	3
癸	甲	乙	丙	丁	戊	己
卯	辰	巳	午	未	申	酉

대운

<세운>이란 것은 누구에게나 올해가 己丑年에 해당되게 됩니다.

그래서 세운은 글자는 같지만 각자 사람에 따라 다른 의미로 다가오게 됩니다.

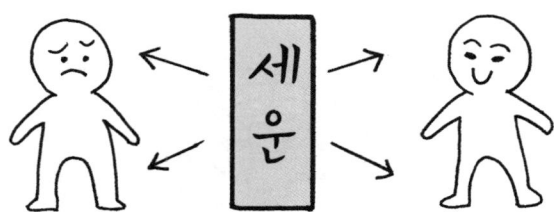

왜냐면 일간이 무엇이냐에 따라 己丑년의 의미는 달라지기 때문이죠.

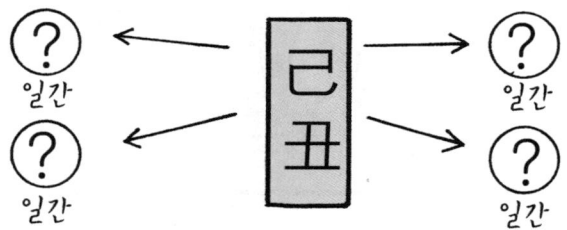

또한 같은 일간이라도 대운에 따라서 세운의 의미는 다 달라집니다.

그럼 세운은 어떻게 대입할까요? 만일 이 명식을 가진 사람이 己丑년의 戊申 대운에 와 있다면….

己 丑 세운	戊 申 대운	壬 申	甲 午	庚 戌	癸 卯

63	53	43	33	23	13	3
癸	甲	乙	丙	丁	戊	己
卯	辰	巳	午	未	申	酉

천간에 오는 세운인 己土운은 대운인 戊土운을
거친 후 일간을 제외한 나머지 천간에 운이 적용되고

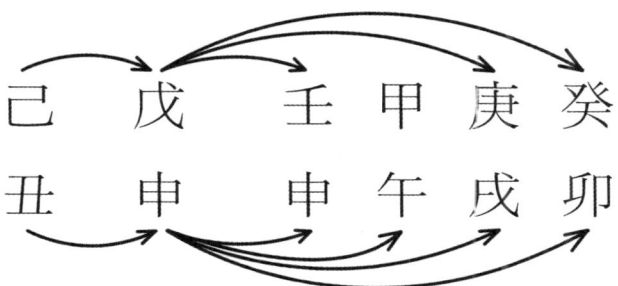

지지에 있는 丑土운도 마찬가지로 지지에 바로
적용되는 것이 아니고, 항상 대운을 통해서 지지에
대입하게 됩니다.

丑土는 申金을 土생金합니다. 따라서 申金은
세운의 생을 받아서 그 힘이 더 강화될 것이고
丑土는 申金에게 기를 뺏기기 때문에 힘이 다소
빠지게 되는 특징이 나타납니다.
즉, 세운인 丑土는 어느 정도 힘이 빠진 상태로
지지에 적용되게 됩니다.

예를 들어 여기 집이 한 채 있다고 봅시다.
이 집의 안채를 사주 원국(명식)으로 비유해 볼게요.

그리고 집 앞에 대문이 하나 있고 여기서 대문을
지키는 집사가 10년간 검문을 하게 됩니다. 이것이
바로 대운이죠.
세운은 이 대문을 지나가는 손님으로 봅니다.

집사는 10년 동안 집 안의 전반적인 분위기를 조성합니다. 집사가 집 안 사람들을 잘 다스려 집의 분위기가 좋아지면 안채의 주인(사주의 주인)은 전반적으로 집사 덕분에 편안히 살아갑니다.

손님은 집사를 통해 집에 들어오지만 반드시 집의 주인에게 문안인사를 하게 됩니다. 손님은 집의 주인에게 선물을 주기도 하고 때로는 대립을 하기도 합니다.

만일 대운이 희용신에 해당되는데 세운이 기구신이라면

분위기가 좋았던 집안에 나쁜 손님이 들어오므로 집 전체의 분위기가 다소 흐려집니다.

반대로 10년간 대문을 지키는 집사가 나쁜 사람인데 손님이 좋은 사람이라면

손님은 집 주인에게 집사가 나쁜 사람이더라는 정보도 줄 수 있겠죠.

이런 식으로 우리는 대운과 세운의 생극 관계를 살펴볼 수가 있습니다.

또 다른 예를 봅시다.
대운을 계절로 비유하고 세운을 날씨에 비유해 봅니다. 희용신일 경우 봄, 한신은 가을, 구신은 여름, 기신을 겨울로 비유합시다.

계절(대운)		날씨(세운)
봄	용신 희신	햇볕
겨울	기신	폭풍
여름	구신	비
가을	한신	흐림

세운은 각각 희용신을 햇빛 비치는 맑은 날, 한신은 흐린 날, 구신은 비오는 날, 기신은 폭풍이 치는 날로 비유합시다.

계절이 봄일 때 세운도 해가 쨍쨍하면 아주 일이 잘 풀리겠죠? 그러나 대운이 봄이라도 세운에서 폭풍이 온다면 오히려 겨울의 햇볕보다도 안 좋을 수가 있습니다.

따라서 우리는 대운만 가지고 그 사람의 좋았고 나빴고를 살피기가 쉽지 않습니다.

그리고 또 월(月)운이란 것도 있습니다.
월운이 만일 庚午월 이라면

```
庚   己   戊      壬 甲 庚 癸
午   丑   申      申 午 戌 卯
월운  세운  대운
```

월운은 세운을 거치고, 대운을 거친 후에 명식에 적용됩니다.

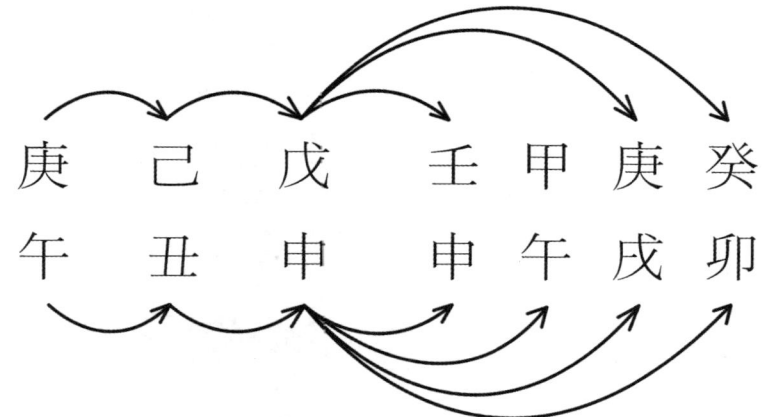

그래서 우리가 월운을 예측하기 힘든 이유가 여기에 있지요. 심지어 하루의 운을 체크하기 위해선 대운과 세운, 월운과 그 날의 운을 모두 거쳐야 합니다.
때문에 우리가 흔히 보는 오늘의 운세는 크게 타당성이 없다고 봅니다.

<운세 대입>은 상당히 어렵고 복잡한 부분으로 많은 사고력이 필요합니다. 여러분이 <운세 대입> 공부를 하기 위해선 유명 인사들의 명식 풀이 보다는 내 자신이 가장 잘 아는 가족이나 친구 등 자신과 가까운 사람들의 명식을 분석하여 공부해 보시는 것을 추천합니다.

앞의 내용을 정리하는 마음으로 읽어 봅시다.

▶ 대운 분석

대운은 현재 우주에 흐르고 있는 일반적 기운이 아니라 개인에게 한정된 기운을 의미하고 있으므로 직접 길흉을 작용하는 점이 세운에 비해 약하다고 할 수 있습니다. 그러므로 대운은 전체의 흐름으로 봐야 하며 개인이 느끼는 운의 환경이라고 봐야 하겠습니다. 따라서 대운으로는 정확하게 길흉을 예측하기 어렵고 **10년** 이상 대운의 흐름을 가지고 길흉을 논하여야 하겠습니다.

▶세운분석

세운을 분석하는 방법은 천간은 심리적인 문제 혹은 표면적인 문제로 인식하고, 지지를 사건적인 문제 혹은 현실적인 문제로 인식해 볼 수 있습니다.

또 다른 시각으로 본다면 천간은 일의 진행 과정으로 보고, 지지는 일의 결과로 보며 살펴 보는 것도 좋을 것 같습니다.

세운은 천간 지지를 1년간 함께 대입하는 것을 기본으로 합니다.
즉 세운은 천간과 지지 1년을 대입하면서, 진행과 결과적인 면으로 연결해서 살펴보는 것이 좋을 듯 합니다.

▶ 대운과 세운의 관계

 대운과 세운의 관계는 이런 식으로도 생각해 볼 수 있어요.

대운은 개인이 입는 계절에 따른 옷이라고 생각을 하고

세운은 날씨라고 관계를 설정해 볼 수 있습니다.

그래서 세운인 날씨는 각 개인이 입고 있는 계절에 따른 옷을
통과(작용)을 하고 피부에 와 닿게 되는 것과 같은 이치라
하겠습니다.

때로는 옷이 갑옷이 되어 비바람을 막아주는 작용도 하겠지만
얇은 옷이 비바람을 통과하여 오히려 몸을 더 상하게 하는 경우
가 되기도 합니다.

이러한 관계를 잘 생각하여
대운과 세운의 작용 결과가
각자에게 실제로 영향을 미치는
운의 결과를 예측해 볼 수 있습
니다.
운을 논할 때 세운이 더 중요
하다고 생각합니다. 대운은
세운을 받기 위한 예비적 역할과
사주 주인이 느끼는 분위기란
점에서 중요합니다만 실질적인
성패는 세운이라고 봅니다.

▶ 대운과 세운의 활용

대운은 태어날 때 부여된 사주와 함께 개인에게 적용되는 고귀한 운의 체계이고, 세운은 해운으로 누구에게나 공통으로 적용되는 운이므로 그 쓰임새가 다른 운입니다.

대운은 심리구조에 영향을 미치고 주변의 환경을 만들어 주는 운으로 분류를 해야 합니다.

반면에 세운은 현재 주변에 흐르고 있는 활성화 된 기운이므로 그 작용력이 사주에 직접 작용하여 길흉을 발생시킬 수 있는 힘을 가진 운입니다.
따라서 세운이 좋아야 현재 당면한 문제를 해결할 수 있다고 하겠습니다.

대운이 좋으면 약 10~20년 동안 주변 환경이 좋고 더불어 심리적으로 자신감이 생기니 이 때 세운이 좋으면 원하는 바를 성취할 수 있습니다. 대운이 좋지 않은데 세운이 좋다면 여건이 좋지 않은 상황에서 일정 부분의 일이 좋게 이루어지는 운 정도로 봐야 합니다.

대운과 세운은 각자 역할이 다르고 또 서로 유기적으로 작용하므로 어느 한 쪽 만으로 판단해서는 안 됩니다.
대운은 세운과 원국의 사이에서 중간 역할을 하여 세운이 원국에 좋게 작용하려면 대운의 도움이 필요하기 때문입니다.

대운이 원국에 별로 도움이 되지 않는 경우이지만 그 대운의 10년 기간 내에 세운이 올 때, 대운이 세운을 돕게 되는 경우라면 그 대운은 좋은 역할로 소임을 다 하는 경우가 되겠습니다.

비록 대운이 좋을 지라도 그 기간에 오는 좋은 세운을 충극한다면 그 대운은 좋다고 할 수 없다는 것이 대운과 세운의 관계입니다.

▶ 운세 대입의 방법

운세 대입은 기본적인 시선을 대운의 지지 운이 어느 곳으로 흘러가는 지를 보고 큰 흐름을 잡아야 합니다. 그 다음 용신을 봐야 합니다.
예를 들어 지지 운이 좋아도 천간에 있는 용신이 깨지면 뜻을 이루기 어렵습니다. 반대로 지지운이 좋지 않아도 천간에 있는 용신이 좋다면 일이 이루어 진다고 보면 됩니다.

용신을 최우선으로 봐야 하며 원국의 용신이 좋은 상황으로 바뀌면 일의 해결이라고 봐야 하며, 용신과 관계 없는 용신 운이나 아니면 신약하여 지지에서 근이 되거나 신강하여 지지에서 전체적인 소통이 되면 그 당시 환경이나 여건이 좋아지는 것 으로 판단해야 합니다.

정리하면 운에서 오는 오행에 원국에 있는 용신이 활성화 되면 실질적으로 좋은 일이 이루어지고 운에서 오는 오행이 용신과 관계 없이 희용신 역할을 한다면 주변 여건이나 환경이 나아지는 정도로 봐야 합니다.

운을 살필 때는 운의 흐름을 보고, 용신을 최우선으로 살펴요!

천간 운은 정신적인 면과 사건의 진행 과정 그리고 지지 운은 물질적인 면과 사건의 결과를 의미한다고 보고 그 희기를 설명하면 됩니다.

운의 강도는 천간이든 지지든지 간에 용신이 좋아지거나 어려울 때가 강한 작용력이 있으며 그 다음 지지에 희용신 운이 어떻게 흘러가느냐를 보고 현시점 운에서 희기를 판단하면 됩니다.

예를 들어 천간 운이 기신이고 지지 운이 용신이면 일의 진행은 어려우나 결과는 좋게 나타날 것으로 예측하면 됩니다.

그 운의 내용은 그 십성의 의미를 적용하면 됩니다.

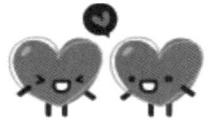

운세를 분석하기 위해서는 먼저
① 용신을 찾아 희용기구한의 의미를 부여 한 다음
② 사주 원국의 상호간 작용과 흐름을 읽어야 합니다. 그 다음
③ 대운이 가세를 하여 상호간 상극 작용에 어떤 역할을 하는지 그리고 통관 혹은 보호 작용, 합충의 변화를 살펴서 최종적으로 그 운세가 길흉 작용을 하는지 판단을 해야 합니다.

참고로 천간 운을 대입할 때는 운이 일간 자체에 직접 작용은 미약하다는 전제를 두고 대입해야 합니다.

그리고 운의 작용이 원국 속의 용신과 작용할 때 가장 민감하게 반응을 하게 됩니다. 용신과의 작용이 아닌 경우에는 희용기구한의 의미가 원국에서 실제 작용을 할 때 그대로 반영하지 않는다는 것입니다.
이 말은 비록 용신 운이라도 원국의 용신과 직접 작용하지 않는 상황이라면 원국에서 그렇게 좋은 작용을 하지 않는 경우가 다반사입니다.
이처럼 희용기구한의 단편적인 의미를 두고 원국에 대입하면 실제로 잘 맞지 않게 되는데 이런 경우를 자주 겪다보면 <용신무용론>을 얘기 하게 됩니다.
그러므로 사주는 지식적 암기나 공식을 만들어 내는 논리학적인 접근으로는 그 해답을 찾아내기가 어렵습니다.
동양학은 포괄적 개념으로 사물을 바라보고 또 그 사물의 속성을 관찰하는 마음의 여유가 필요합니다.

운에서 십성의 길흉 작용

십성의 길흉 작용은 용신을 가지고 대운을 분석하고, 분석 된 대운이 과연 어떤 운인가를 살펴보는 것이라 하겠습니다.

▶십성의 기본적인 특성과 인생사와의 대입

* 비견 - 주체의 성(性)으로서 축적된 에너지로서 추진력을 의미합니다. 형제, 동료, 동업자 등을 의미합니다.

* 겁재 - 경쟁성(性)으로서 축적된 에너지의 합리적 사용을 의미합니다. 형제, 동료, 동업자 그리고 경쟁자를 의미합니다.

* 식신 - 탐구성(性)으로서 자신의 능력이나 활동력을 의미합니다. 여자에게는 자녀를 의미하기도 합니다.

* 상관 - 창의성(性)으로서 자신의 재능이나 능력을 극대화 하는 특성을 가집니다. 특히 언변의 논리성이 돋보입니다. 여자에게는 자녀를 의미하기도 합니다.

* 편재 - 결단성(性)으로서 즉흥적이고 스케일이 크며 공간 개념을 가집니다. 재화의 투자에 능력을 가지고 있기도 합니다. 아버지를 의미하며, 남자에게는 여자를 의미합니다.

* 정재 - 계획성(性)으로서 현실적이며 재화의 분석과 축적에 능력을 가지고 있습니다. 남자에게는 여자를 의미합니다.

* 편관 - 원칙성(性)으로서 직업 직장상사 혹은 공공기관을 의미하며 억압이나 장애물을 의미하기도 합니다. 남자에게는 자녀, 여자에게는 남자를 의미하기도 합니다.

* 정관 - 합리성(性)으로서 직업 혹은 공공기관을 의미하며 명예를 의미하기도 합니다. 남자에게는 자녀, 여자에게는 남자를 의미하기도 합니다.

* 편인 - 직감성(性)으로서 윗사람, 어머니를 의미하며 공문서, 자격증 등을 의미하기도 합니다.

* 정인 - 직관성(性)으로서 윗사람, 어머니를 의미하며 문서, 자격증 등을 의미하기도 합니다.

▶ 십성의 인생사 대입을 흔히 육친이라고 하는데 사주는 개인의 타고난 기질을 알 수 있는 요소이므로 큰 비중을 둘 필요는 없다는 것이 수풍정의 생각입니다. 육친이란 십성을 설명하기 위해서 필요하게 쓰면 좋은데 그 자체를 운용한다면 명리의 본래 목적과는 다소 거리가 멀어질지도 모릅니다. 다만 배우자는 혈연 관계가 아니면서 가장 가까이에서 마주치는 관계라서 고려해도 좋다고 봅니다.

<운에서 오는 십성의 통변>

먼저 비겁의 길흉 작용 입니다.

비겁은 <주체의 성>입니다. 비겁에 대해 살필 때, 우리가 주의해야 할 점이 있습니다. 예를 들어 일간이 庚金인 다음과 같은 명식이 있다고 봅시다.

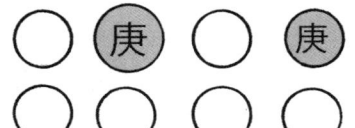

이 때 년간의 庚金은 비견이 되는데

이 비견은 '나'와 생긴 모습이 똑같으나 '나'가 아닙니다. 비유하자면 친구에 해당됩니다.
그래서 운을 살필 때 비견이 깨지면 내가 깨진 것 마냥 아쉬워하는 경우도 있는데 '나'는 일간일 뿐입니다.

'비견'은 나와 똑같이 생겼지만 '나'와는 다른 존재란 것을 꼭 알고 공부하셔야 합니다.

비겁의 길 작용 (비겁의 순 작용)

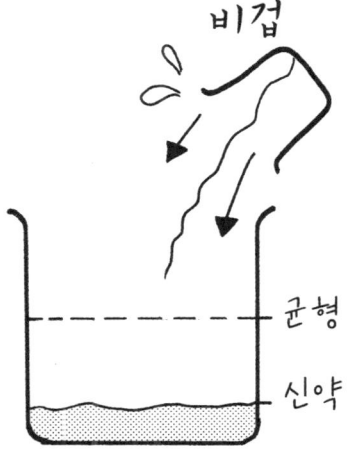

비겁이 길 작용을 하려면 신약한 일간을 도와주는 경우여야 하겠죠.

여기서 잠깐 비겁운과 인성운의 차이를 비교해 보겠습니다. 둘 다 기본적으로 신약 사주에 좋은 운 입니다만 어떤 차이가 있을까요?

비겁은 '형제나 친구'에 비유되며, 내가 급하거나 힘들 때, 한번 훅 도와주는 운으로 볼 수 있습니다.

반면 인성운은 '엄마'나 '보급품'처럼 내가 쓰러지지 않도록 꾸준히 묵묵히 뒷받침해주는 운으로 볼 수 있지요.

운에서 십성의 길흉작용 II **173**

이 차이를 이해하신 후에 십성의길흉을 공부합시다. 그럼 다시 본론으로 돌아가서 비겁의 길 작용을 알아볼게요!

일간이 약한데 비겁이 들어오게 되면 외롭던 나에게 친구가 생기게 된 것입니다. 그래서 자신감과 추진력이 생기고 힘이 세지게 되겠죠.

친구여! 내가 왔네. 이제 안심해!

예를 들어 친구나 형제의 도움으로 부의 축적이 이루어 질 수 있다고 보는데 왜 그러냐면….

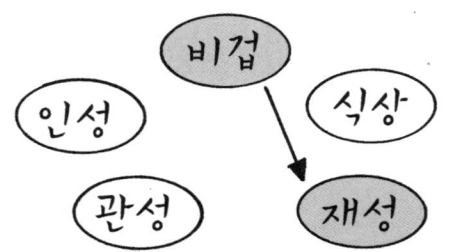
비겁은 재성을 극하는데 이것을 <재성을 잡는다>고 표현합니다.

즉 비겁이 재성을 극 함으로써 신약한 사주는 재물만 놓고 볼 때는

잡았다 요놈!
재성
비겁운
재성은 재물을 의미하기도 하죠.

비겁 운에 재성(재물)을 잡을 수 있기 때문에 실질적 수입이 가능합니다.

그래서 신약한 명은 비겁 운에 친구나 형제의 도움으로 돈을 번다고 합니다.

비겁 운은 사업자에게도 수익이 많이 생기고, 직장인의 경우 승진도 되겠지만 투자 등으로 인해 직장 외 수입도 가능하겠습니다.

◆ 비겁의 순 작용
운에서 비겁 운은 일간에 힘을 실어주는 운입니다. 신약에서 비겁 운은 길 작용으로 자신감이 생기고 추진력이 강화되는데 스스로의 기운이 강화되는 면도 있지만 주변에서 그러한 분위기를 만들어 주기도 한다고 보면 됩니다.

1. 직장인은 승진하여 직급이 상승되거나 직업 외의 부분에서 재화의 증식 혹은 노력에 대한 좋은 결실을 가져오거나 무거운 짐을 벗어버리는 운으로 보면 됩니다.

2. 사업하는 부분은 재산의 증식 운으로 부의 축적이 비겁 운에 가장 유리합니다.

2. 학생들도 자신감이 생겨 공부를 잘 하거나 노력의 결실을 기대할 수 있습니다.

기본적으로 비겁 운은 위와 같이 길 작용을 하지만 원국의 여러 십성과 작용을 하면서 조금씩 차이가 나게 됩니다.

자신감이 생겨 추진력이 강화되는 운인 비겁운이 신약 사주 원국에서의 식상, 재성, 관성, 인성을 각각 만났을 경우를 살펴봅시다.

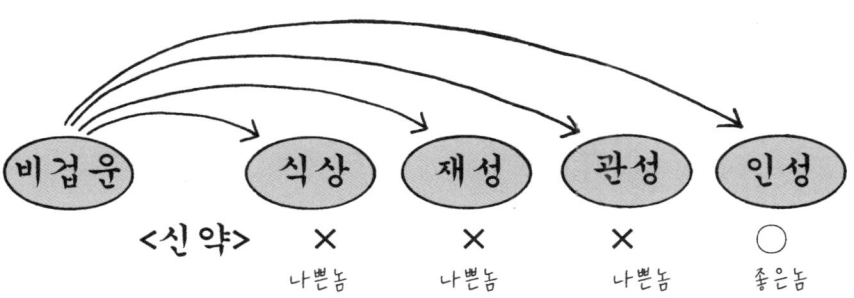

기본적으로 신약 사주에서는 일간의 힘을 쓰게 만드는 식상, 재성, 관성이 안 좋은 것으로 보이고, 일간을 도와주는 비겁과 인성이 좋은 것으로 보입니다.

먼저 비겁운이 식상을 만났을 경우를 봅시다.

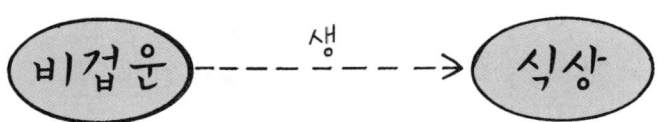

비겁운이 와서 식상을 생하는 구조라면 약한 일간을 대신해 식상의 활동력을 뒷받침 해주는 역할을 합니다. 이 때 일간의 힘에 비해 식상이 너무 강한 구조라면 비겁은 식상의 장난에 놀아나게 되어 더욱 일간을 어렵게 하는 경우도 있습니다.

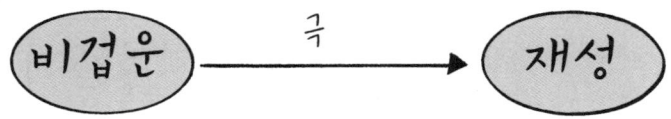

기본적으로 신약 사주에서 돈을 버는 운이라고 봅니다. 그러나 남자의 경우 신약 명식이라도 비겁이 이미 강한 경우이거나 재성이 이미 원국에서 통제할 수 있을 정도로 그 힘이 미미한데 비겁운이 재성을 극한다면, 비록 비겁운이 길 작용이라 할지라도 배우자와 불화를 예견해 볼 수 있으며 군겁쟁재 현상이면 오히려 재물의 손실을 살펴야 합니다. 여자라도 군겁쟁재는 어려운 상황이 됩니다.

보편적으로 신약 사주에서 관성은 '나'를 극하는 고난, 역경 등으로 표현됩니다.

즉, '나'(일간) 대신 비겁운이 고난(관성)을 받아주기 때문에 이것은 '어려운 장애를 누군가의 도움에 의해 넘어가겠다'는 의미로 볼 수도 있습니다.

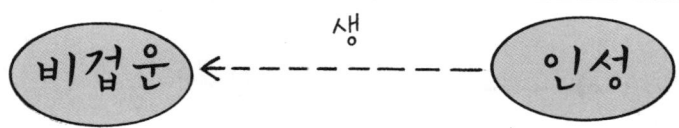

비겁운이 와서 원국의 인성의 도움을 받는다면 비겁의 주체성이나 추진력이 더욱 여유롭게 진행된다고 봐야 합니다.

그러나 신약이지만 원국에 비겁이 다소 있고, 하나밖에 없는 인성을 운에서 오는 비겁이 설기한다면 오히려 비겁운은 일간에게 부담이 됩니다.

비겁의 흉 작용(비겁의 역 작용)

비겁의 흉 작용은 신강을 전제로 합니다.

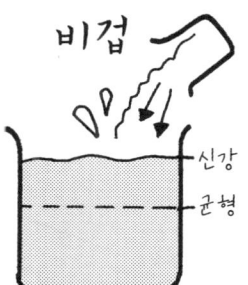

에너지가 넘치는 사람이 또 다시 운에서 비겁이 들어온다면 오만해 집니다.

그래서 무모한 일을 추진하다가 자멸하게 될 수도 있습니다.

또한 비겁은 재성을 치게 되는데 군겁쟁재의 상황이 오게 될 수도 있겠죠.

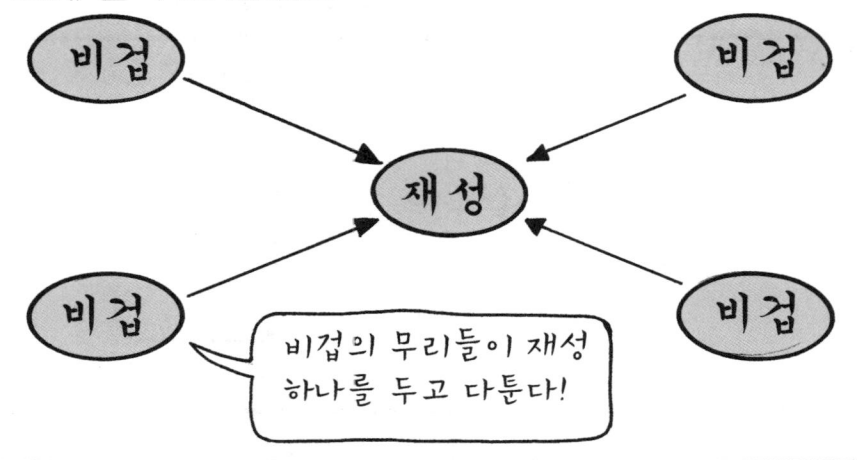

그리고 재성은 자신의 몸에 해당되기도 하고 남자에게는 '처'에 해당되므로 건강 문제나 처와의 불화도 생각해 볼 수 있습니다.

이것은 비겁이 길 작용을 하더라도 마찬가지 입니다. 신약하지만 재성이 다소 약한데 비겁이 또 들어와서 재성을 치면,

일단 비겁이 재성을 잡으므로 수익이 생기게 되지만 오히려 내 몸은 안 좋아 질 수도 있고 혹은 수익은 생기지만 처와의 불화가 생길 수도 있습니다.

비겁이 역 작용을 한다면 신강한 경우이며, 신약이라도 비겁이 이미 강한 경우를 말하는데, 이러한 경우 운에서 비겁이 들어오면 재성을 힘들게 할 수 밖에 없지요.

◆비겁의 역 작용
강한 비겁의 기운으로 인해 과도한 욕심이 생길 수 있고 무리한 일을 추진하게되어 손실을 입기도 합니다.

1. 과욕으로 인해 오히려 금전적 손실을 가져오게 되므로 욕심을 버리고 내실을 다져야 합니다.

2. 친구 동료 동업자로 인하여 재산상 손실을 당할 수 있습니다.

3. 사주 원국에서 재성이 비겁으로부터 병들어 있는 사람은 동업은 절대 금물입니다. (군겁쟁재)

4. 부부간의 불화가 생기거나 처의 질병 혹은 사고도 있을 수 있습니다. (비겁이 재성을 충극할 경우, 특히 일지가 재성인 경우)

5. 무리하여 건강이 나빠질 수 있습니다.

6. 학생은 공부가 하기 싫어집니다. 단, 통관해 주는 식상이 원국에 있을 때는 예외로 볼 수 있습니다.

신강 명식에서 비겁은 일간에게 힘을 과잉 공급하게 되어 일간이 무리한 일을 추진하거나 주변에서 부추김을 하여 자신의 올바른 판단력을 잃게 될 수도 있습니다.

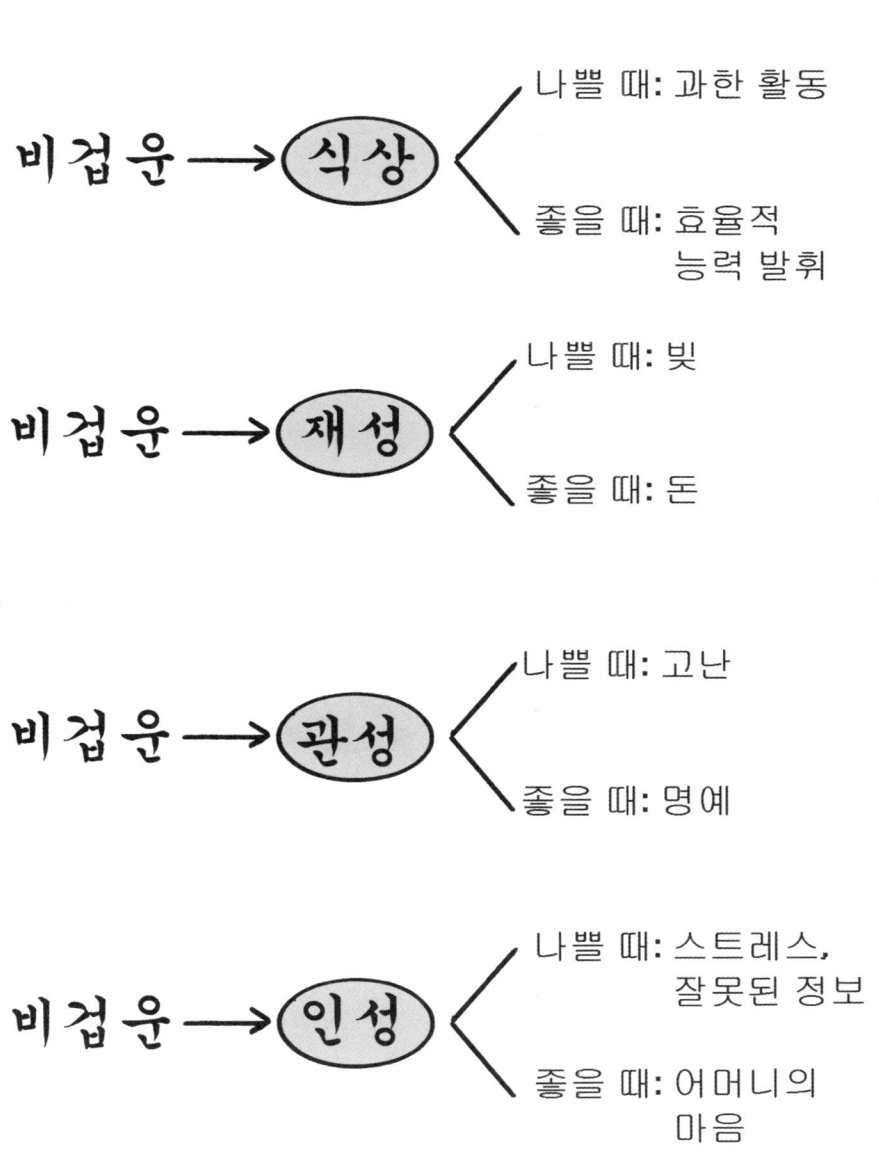

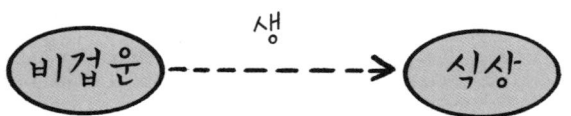

원국의 비겁 양에 비해 식상이 약할 때는 비겁운도 괜찮습니다. 또한 식상이 인성에 의해 고립된 상황이라면 비겁은 좋은 역할을 할 수도 있습니다.

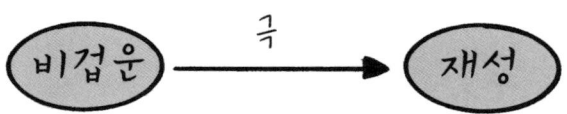

비겁이 재성을 극하게 되면 금전적 손실과 건강의 위험, 남자인경우 배우자와 불화를 가져오게 됩니다.

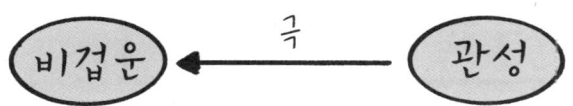

관성과 대응하는 비겁이 너무 강하면 관의 통제를 무시하고 불법을 저지르기도 합니다.

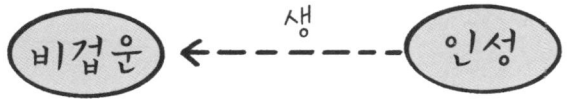

운에서 오는 비겁이 원국의 인성의 생을 받으면 올바른 판단이 더욱 어려워 일을 하는데 있어 진퇴를 명확하게 하지 못합니다.

식상의 길 작용 (식상의 순 작용)

식상은 자신을 드러내는 <표현의 성>이자 <내 능력>을 의미하는 <재능의 성>입니다.

식상은 일간의 기운을 밖으로 빼내는 것이죠? 그렇다면 일간의 힘이 가득 차 있는데 식상을 통해 밖으로 빼낼 때의 좋은 의미를 생각해야 합니다.
즉, 식상의 길작용은 <신강한 명식>이라는 전제가 깔리게 됩니다.
신강한 사주에서의 식상은 <소통>입니다. 기운이 꽉 차서 답답한 부분을 식상을 통해서 힘을 발휘하게 되니까 상당히 자신감이 생기게 되고 활동력도 생기게 됩니다.

◆식상의 순 작용

식상은 자신의 재능이나 에너지를 밖으로 드러내어 활동력이 증가되는 운이라고 하겠습니다. 식상이 순 작용을 하려면 먼저 일간이 비겁의 협조를 받아 기운이 강한 경우라야 가능합니다.

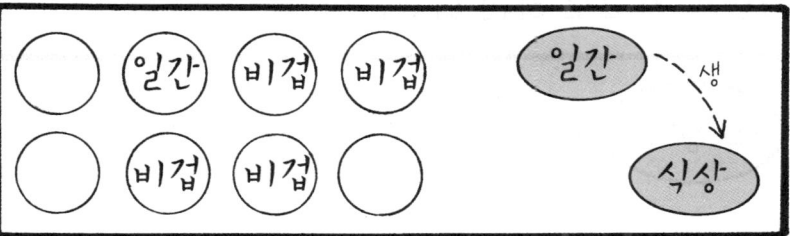

인성이 강해서 신강해진 명식은 식상의 작용을 인성이 방해를 하기 때문에 비록 식상이 희용신이라도 식상의 순 작용을 기대할 수 없습니다.

1. 직장인은 식상 운에 활동 영역이 넓어지는 승진이나 영전을 기대할 수 있습니다.

2. 사업하는 사람은 사업의 확장이 잘 되는 해입니다.

3. 학생은 적극적으로 자신의 능력을 발휘하려고 합니다. 사업자나 학생의 경우에도 그 작용력은 위의 1번을 참고로 하면 되겠습니다.

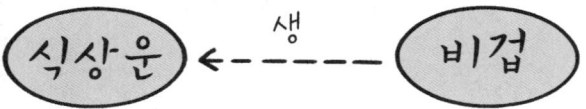

비겁으로 인해 신강해진 명식은 식상을 통해 '내 능력'이 발휘되므로 좋다고 봅니다.

식상운이 제대로 발휘되려면 원국에서 재성을 만나야 하겠지요.

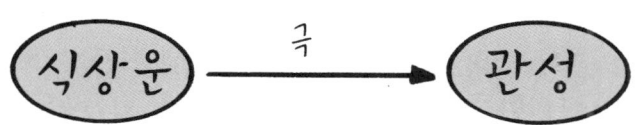

식상운은 기본적으로 신강 사주에서 길작용을 하지만 식상운이 원국의 관성을 만났을 경우, 노력이 물거품이 되고 오히려 명예를 잃어버리는 수도 있습니다.

이때 재성이 통관해주면 피해가겠지요.
재성과 관성이 원국에 함께 있다면, 재성이 통관해주는지, 관성이 식상생재를 방해하는지를 살펴야 하는데 이때도 힘의 크기를 비교해야 합니다.

그러나 신약의 경우 식상운이 순 작용을 하기도 하는데, 식상이 살[殺]을 공격하는 식상제살의 경우입니다. 이 때는 전화위복의 결과를 기대합니다. 다만 이 경우 일간이 지지에 근[根]이 있어 힘이 있어야 하는데, 일간이 아주 약할 경우 식상견관으로 흐른다면 극설교가[克洩交加] 현상이 일어나 더욱 힘들고 어려움에 처하게 됩니다.

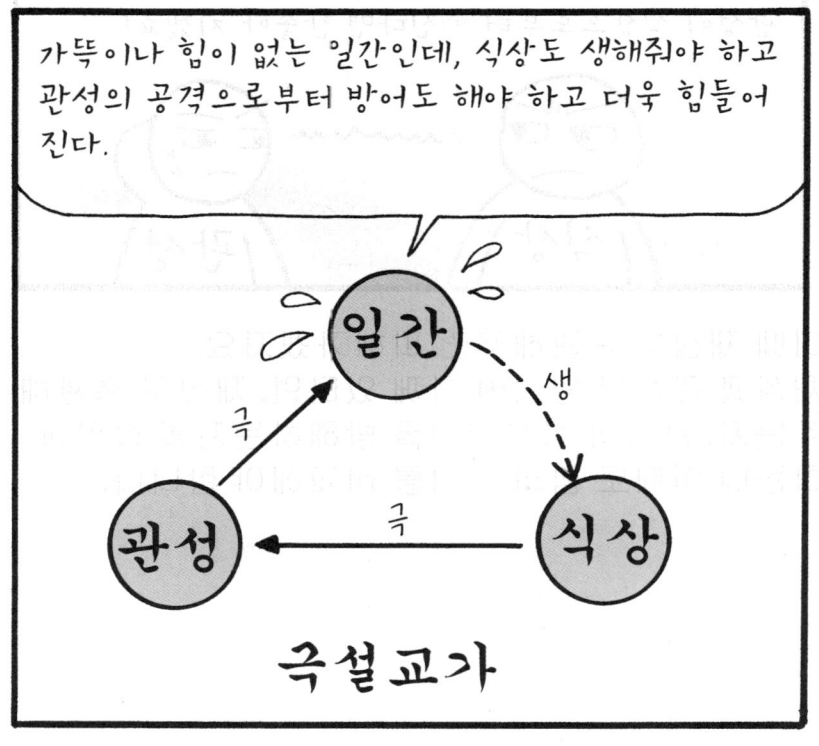

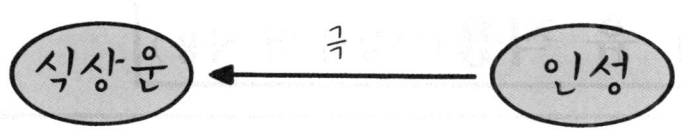

식상운이 원국에서 강한 인성을 만나면 우여곡절을 겪어야 하는데 식상이 상관이면 오히려 나아질 수도 있습니다. 무슨 뜻이냐면….

식상이라는 내 능력이 인성에 의해 극을 당해 깨져버리면, 좋은 기운이 감소하게 됩니다.

그러나 상관은 앞서 우리가 <손오공>에 비유하여 배웠죠. 천방지축으로 날뛰던 손오공(상관)이 삼장법사를 만나 머리띠(인성)로 인해 다스려지고 제 능력을 발휘하게 됩니다!

식상의 흉 작용 (식상의 역 작용)

식상의 흉 작용은 길 작용과 반대로 생각해 봅니다. 물통에 고갈된 물이 있는데 물을 자꾸 빼버린다면 어떨까요?

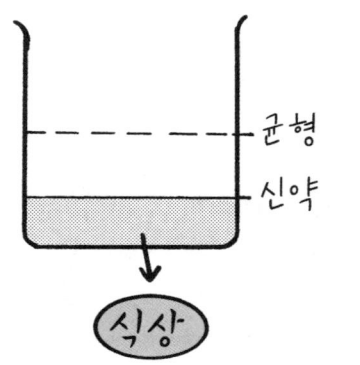

식상의 특성인 활동력에서 생각해 보면, 활동력이 더 증가되겠죠.

신약한 경우라면, 가만히 있지 못 하고 무언가 일거리를 찾아 다니게 되는 일이 오히려 '나'를 더 힘들게 합니다.

직장인이라면 너무 과로를 하게 된다거나 과도한 활동으로 구설수 등에 오르내리게 될 수도 있습니다.

만일 사람이 늪에 빠졌는데 빠져나오기 위해 필사적으로 노력한다면 어찌될까요? 점점 더 빨려들어가 빠른 시간내에 죽게 되겠죠!

내 힘으로 당장 어떻게 해 볼 도리가 없다면, 어설프게 힘을 낭비하여 스스로 화를 초래하기 보다는 옆에 나뭇가지 등을 잡고 버티며 때를 기다려야 합니다.

<삼국지>를 보면 전쟁만 하고 싸움만 잘 한다고 다 이기진 못 합니다. 때로는 매복하여 적당한 시기를 기다리기도 하고, 힘이 없을 때는 작전상 후퇴를 하여 다음 기회를 기다리기도 합니다.

따라서 매사를 활동적으로 지낸다고 다 좋은게 아니지요. 여건이 어려울 때는 활동량을 줄여 에너지 손실을 막고, 한동안 조용히 지내는 것도 도움이 됩니다.

◆식상의 역 작용
식상이 역 작용을 하는 경우는 일간의 기운이 약한 경우가 되는데, 자신의 기운을 과잉 발산으로 활동량은 증가하나 그로 인해 기운이 쇠약해져서 업무에서 실패를 하거나 건강에 문제를 가져올 수 있으므로 무리하지 말고 내실을 다지면서 인내하여 활동량을 줄여야 합니다.

1. 무리한 활동력이 오히려 화를 부르는 형상입니다. 적극적인 투자나 신규 사업은 피해야 합니다.

2. 직장인의 경우 좌천 실직 퇴직 등이 예상되며 사업가는 부도 폐업 등을 주의해야 합니다.

3. 직장에서 분쟁이 발생되어 어려운 국면에 처하게 됩니다. 말로 인한 설화를 주의해야 합니다.

4. 여자의 경우 식상이 관성을 충극하는데 통관해 주는 오행이 없는 경우 남편이 큰 사고를 당하거나 분쟁이 발생할 수 있습니다.

5. 학생의 경우 산만하여 공부에 집중이 어려워집니다.

신약 명에서 식상은 일간의 의지를 밖으로 드러내지만 기력이 약해져 목표를 달성할 수 없는 상황이 됩니다. 식상이 너무 강하면 건강까지 생각해야 할 만큼 어렵습니다. 그런데 식상 운에 가만 있지 못 하고 활동 충동이 일어나게 되는데 이것이 의욕과 뭔가 좋은 결과가 있을 것 같은 기분이 들어 무리한 활동을 하게 되는 것입니다.

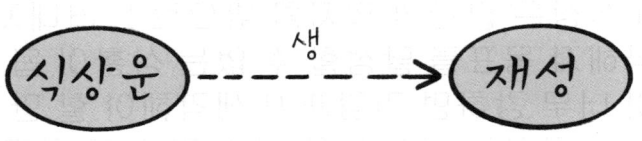

이 때 최악의 경우는 식상이 재성으로 흐르는 것인데 일간이 힘이 없는 식상생재는 그 재능이 오히려 재앙이 될 수도 있는 것입니다. 식상을 제어하는 인성이 주변에 있는지 둘러봐야 겠지요.

무리한 활동으로 건강도 나빠지고 돈도 잃고….

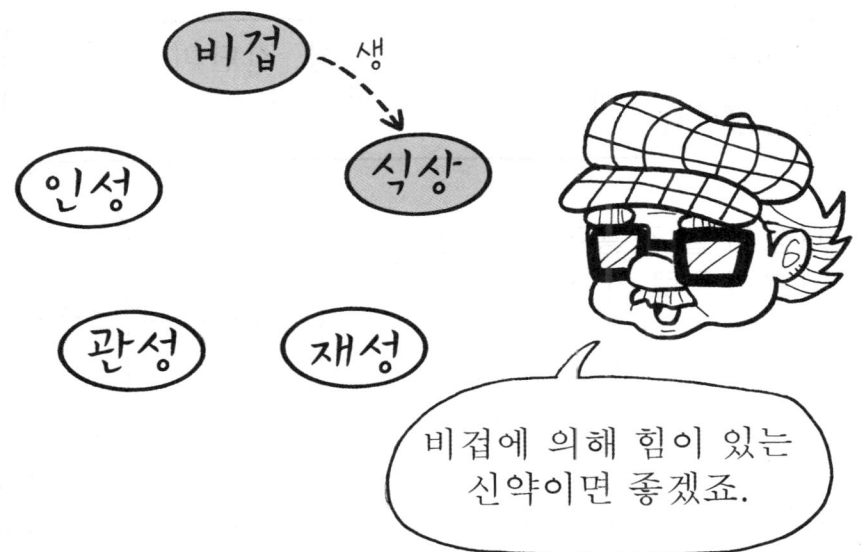

그러나 일간이 힘이 있는 신약이고 원국에 식상이 없다면 식상 운이 그렇게 나쁘지 않습니다.

비겁에 의해 힘이 있는 신약이면 좋겠죠.

신약 명에서 식상운은 일간의 강약과 식상이 원국의 어떤 십성과 작용하느냐에 따라 길흉의 크기를 판단해야 합니다.

재성의 길 작용 (재성의 순 작용)

재성이란 결과의 성, 결단의 성이자 재화의 의미를 가지기도 합니다.

재성이 길 작용한다는 것은 기본적으로 신강하다는 명식을 전제로 살펴볼 수 있습니다. 신강한 운에 재성이 들어오면 어떨까요?

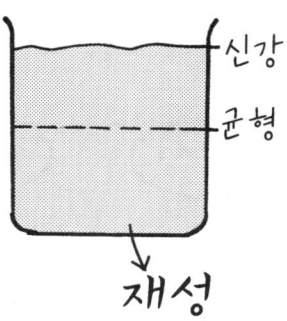

특별한 예가 없는 한은 신강한 사주는 직접적인 재화, 즉 돈에 관한 운은 재성에서 바라볼 수 있습니다.

부의 증식

직장인의 경우 승진할 수 있는데 승진의 형태는 각각 다르게 나타납니다. 예를 들어 식상운에서 승진은 내 활동 역량이 넓어지는 의미에서의 승진.

재성운에서의 승진은 수입이 늘어나는 것, 호봉이 높아지는 것을 의미합니다.

혹은 아파트 등을 사두었는데 가격이 오른다든지, 주식이 올랐다든지 등의 경우를 알 수 있습니다.

재성이 운에서 들어와서 원국에 있는 식상과 연결이 된다면 더욱 더 효율성이 높아집니다.

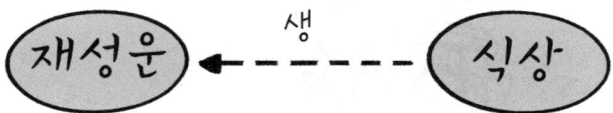

그러나 재성운이 들어와서 아주강한 비겁들에 의해 충극을 받는 다면, 재성운은 오지 않는 것보다 못 하게 됩니다.

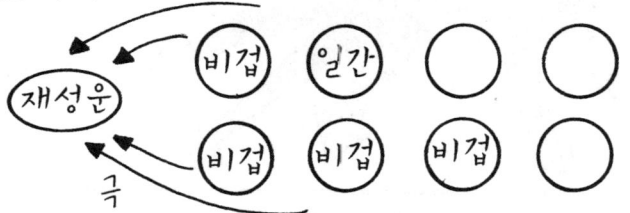

이렇게 명리는 여러가지 상황에 따라 다르게 보일 수 있습니다. 그래서 보는 사람의 시각이나 명리를 공부한 학자의 능력에 따라서 다소 차이를 보이게 됩니다. 신강 사주에서 재성운이 반드시 돈을 번다고 볼 수 없는 이유도 여기에 있습니다.

예를 들자면 천간에 전부 비견이 있는데 재성이
들어옵니다.

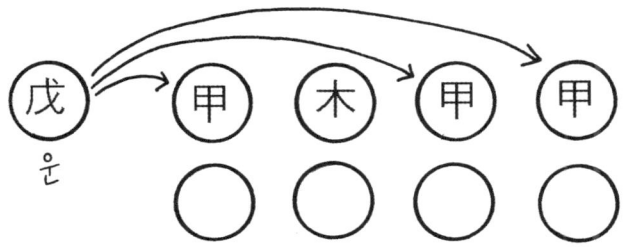

그렇다면 이 戊土는 많은 비겁들[木]에게 극을 받게
됩니다.

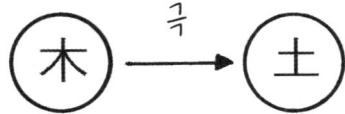

이런 경우를 <군겁쟁재>라고 합니다.
즉, 비겁의 무리들이 재성을 놓고 다투는 모습이지요.

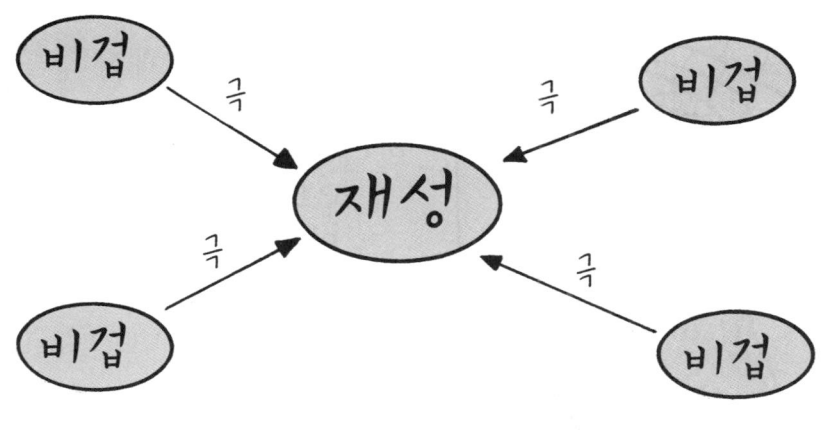

◆ 재성의 순작용

신강의 경우에 재성은 재물에 대입할 수 있지만 신약의 경우에는 재성은 빚이라고 생각하며 대입을 하면 됩니다.

신강의 경우 부의 축적은
거의 재성에 의해서
이루어 집니다.

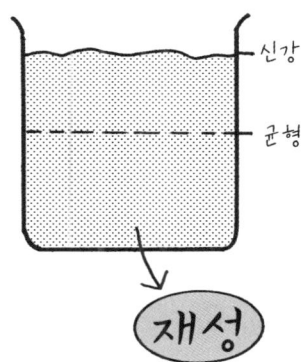

단, 신약일 경우에는 재성이 원국에서 순작용을 할 때 비겁의 운에서 재물을 모을 수 있습니다.

앞서 배운 <비겁의 길작용>의 경우를 잘 생각해 보세요!

정재는 재물의 현실적인 축적에 유리하며 또한 투자 자체를 눈에 보이는 안전한 곳에 하려는 성향이 강합니다.

반면에 편재의 운은 경제 활동력의 증가나 재물 축적의 환경과 공간이 마련되는 것으로 판단해야 하며, 또한 가능성에 승부를 걸며 버는 것만큼 써야 하는 경우가 생기게 됩니다.

재성은 결실을 의미하기 때문에 하는 업무에 좋은 결과를 기대할 수 있습니다.

1. 사업으로 인해 부를 축적하거나 일의 진행에 좋은 결과를 기대할 수 있습니다.

2. 직장인의 경우 재성 운에서는 승진하거나 봉급 외에 수입이 생기게 됩니다. 부의 축적의 크기는 원국에서 보호가 잘 되는지에 따라 차이가 날 것입니다.

3. 원국에 의해 재생관의 구조를 가지게 되면 재물 축적과 더불어서 명예와 직위가 향상됩니다.

4. 남자는 처의 내조로 인해서 재물을 얻게 되며 부부사이가 더욱 좋아집니다.

5. 학생의 경우에는 재성이 순 작용일지라도 잡기에 관심이 많아지므로 공부에 소홀할 수 있으나 결과는 생각보다 좋을 수도 있습니다.

재성운이라도 원국의 십성과 생극을 대입하고 주변 여건에 따라 다르게 표현을 해야합니다.

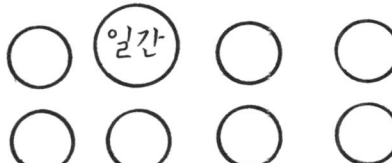

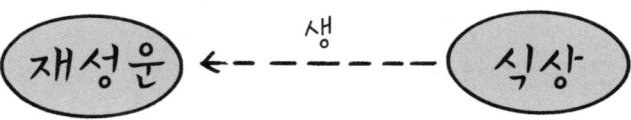

재성이 원국의 식상으로부터 도움을 받을 때 가장 좋습니다.

그러나 이런 경우라도 원국의 월령(월지)에 비겁이 강하면 금전 수익이 극대화하기 어렵고, 주변에 일정 부분 빼앗기는 형상이 됩니다.

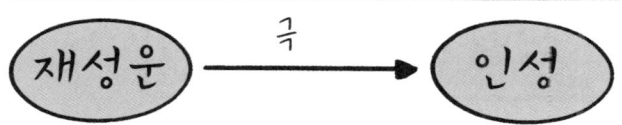

재성이 원국에서 좋지 않은 역할을 하는 인성을 극하면 스트레스나 좋지 못한 송사나 계약 관계 등으로 골치 아픈 일들이 해소되므로 돈으로만 생각하지 말고 좋은 결과라고 봐도 됩니다.

재성운이 극대화 되려면 원국에서 재성을 맞아줄 식상이 있거나 재성의 힘을 받을 수 있는 관성이 있을 때입니다. 그러나 재성이 들어가는데 비겁들만 마중을 나온다면 비록 신강이지만 좋은 운이 될 수가 없습니다.

재성의 흉 작용 (재성의 역 작용)

기본적으로 신약한 사주입니다.
재성 즉 재물은 내가 짊어지고 갈 때 유용한 것이지, 내가 짊어질만한 그릇이 안 될때의 재물은 오히려 나를 망치는 요소고 부담이 됩니다.

그래서 아주 신약한 명식에서 재성운은 일간에게 상당한 부담을 주게 됩니다.

예를 들어 돈을 관리할 수 있는 능력이 되지 않는 사람이 갑자기 땅을 보상 받아 부자가 되었습니다.

이 사람이 그 돈의 활용법에 대해 실마리를 찾지 못 하고 여기 저기 쓰다 결국 다 탕진하고 다시 옛날 모습으로 돌아가는 경우를 볼 수 있습니다.

그래서 이 <재성>이라는 것은 일간이 어느 정도 재성을 감당할 수 있을 때 되는 것이지, 약할 때는 상당히 힘든 부분이 되기도 합니다. 재성이 흉 작용을 한다면 금전 등의 문제로 힘들어지고 손해를 보게 됩니다.

또한 재성은 자신의 신체가 되기도 하는데, 재성이 깨질 경우 건강상의 문제도 살펴야 합니다.

◆ 재성의 역 작용

비겁이 역 작용을 할 때 경제적 운용의 실패로 인한 손실이라면, 재성의 역 작용은 외부적 요인에 의해 재화 손실 등 어려움에 처하는 형상이 될 수 있습니다. 원국에서 식상이나 관성을 보면 최악이겠지만 비겁이 조절해 준다면 어려움이 반감 된다고 하겠습니다.

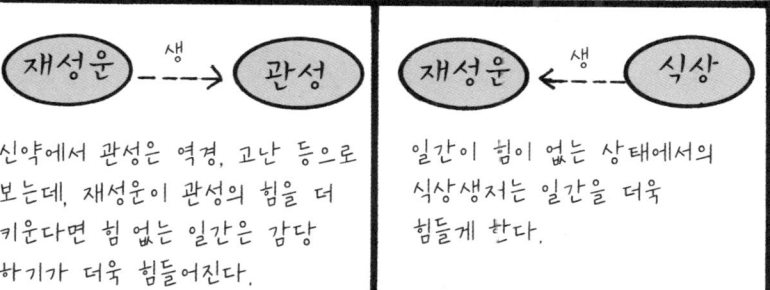

1. 사업에서 욕심으로 투자를 하여 손해를 보게 됩니다.
2. 원국의 인성이 재성운에 의해 충극을 받으면 여자 문제나 금전으로 인한 고통을 겪을 수 있습니다.
3. 재성운으로 재성이 강해져서 재성의 무게를 감당하기 벅차다면 학생은 잡념이 생겨 학업에 게으르게 됩니다.
4. 직장인은 무리한 욕심으로 일을 그르치게 되고 실직할 우려가 있습니다.

재성은 신강에서는 길 작용으로 재화가 되지만 신약에서는 과도한 업무 혹은 빚으로 봐야 됩니다. 재성은 자신의 신체, 남자에게는 여자의 의미가 있으니 생극을 잘 살펴야 하겠습니다.

신약 명에 재성이 오면 자신이 감당하기 어려운 짐이 어깨에 올려진 느낌이 되겠지요. 그 재성이 원국의 식상과 연결되면 스스로 화를 자초한 꼴이 되고,

관성과 연결되면 무거운 짐 때문에 더 큰 어려움으로 앞날에 장애물이 가로 막는 상황이 옵니다.

재성운이 원국의 인성을 극하는 구조는 욕심 때문에 문서 서류 보급물자 등이 제대로 공급되지 않아 스트레스만 늘어가게 됩니다.

그렇지만 원국에서 비겁의 조절을 받는다면, 어려운 상황이지만 주변 여건이 좋아져서 해결이 될 수도 있습니다. 재성운이 흉신이라도 그것을 감당할 만큼 일간이 비겁으로 근을 가지고 있다면 투자의 운으로도 볼 수 있습니다.

관성의 길 작용은 명예를 얻는 것으로 볼 수 있습니다.

즉 직업, 계급 등의 승진같이 직위가 높아지는 것을 의미하고 관으로써 인정받는 것, 자격증 등의 시험에 합격하는 것들을 생각해 볼 수 있습니다.
사업을 하는 사람의 경우 자신의 자리가 더 튼튼해지고, 자신의 이름을 밖으로 떨칠 수 있는 등 일의 진행이 순조롭게 됩니다.

◆ 관성의 순 작용

관성은 명예와 관계가 많으며 직장이나 문서(자격증, 시험) 등에서 좋은 작용을 기대할 수 있습니다. 관성은 비겁을 제어하는 특성이라서 관성의 작용은 일간이나 비겁의 강한 추진력을 적절하게 제어하여 다듬어주는 특성을 가지게 되므로 관성운이 명예와 관계가 깊은 십성이라고 하겠습니다.

관성운에는 동료, 친구, 형제가 나에게 도움이되는 쪽으로 돌아서고 창업의 운도 맞게 될 수 있습니다.

1. 직장인은 영전 승진 훈장의 명예가 따르게 됩니다.

2. 실직자 및 무직자는 직장을 얻게 됩니다.

3. 공공기관에 관한(소송, 허가 등) 일이 순조롭게 해결되며 또한 도움을 받게 될 수도 있습니다.

4. 여자는 남편에 의한 혹은 남자에 의한 도움으로 자신의 입지가 강화됩니다.

5. 학생은 뜻하는 바를 성취하고 각종 시험에서 좋은 결실을 거둘 수 있습니다.

관성을 다룰 때는 항상 일간을 조절하는지 일간을 억압하는지 살펴야 합니다.

신강일 때는 일단 관성이 길 작용을 하므로 일간을 조절하여 명예를 가져다 준다고 볼 수 있습니다. 편관이라도 일간이 약하지 않으면 명예의 의미로 봐야 하며, 신강이라도 일간의 힘에 비하여 편관이 너무 강하다면 명예이지만 본인이 감당하기 어려운 짐을 지는 것과 같습니다.

관성운에 길하다면 서류, 문서, 자격증, 시험 등이나 자신의 하는 일이 인정을 받는 일이 생기게 됩니다. 이 때 관성이 원국의 비겁이나 일간을 적절하게 조절할 때가 유리합니다.

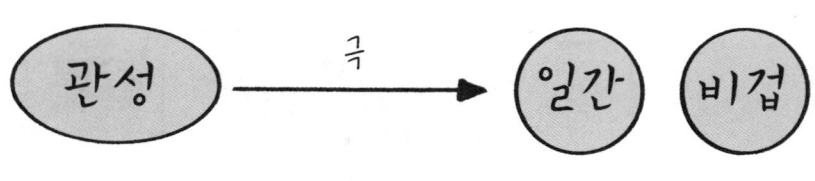

관성운 ←-----생----- 재성

일간이 아주 강할 때는 재성이 있어, 운에서 오는 관성을 마중해 줄 때 명예가 제대로 역할을 하게 됩니다. 이 때 식상이 방해를 한다면 일이 더 어려워질 수도 있습니다.

관성운 -----생-----→ 인성

관성이 비겁을 조절하는데 인성을 만나면 욕심만 커져 명예를 버리는 꼴이 됩니다.

그러니 길 작용이라도 원국과 상관관계를 생각해야 하고 또 일간의 힘의 크기에 따라 운의 쓰임새가 달라진다는 사실을 잊어서는 안됩니다.

관성의 흉 작용 (관성의 역 작용)

관성은 통제의 성인데 약한 일간을 또다시 통제하게 되면 어떨까요? 당연히 힘들어 지겠죠. 그래서 이럴 경우엔 관이 장애물이 됩니다.

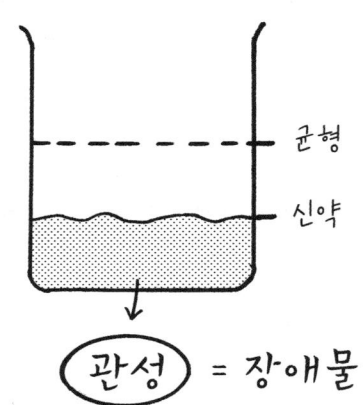

뭐든지 막히고 하는 일마다 잘 안풀리며 산 넘어 산이 됩니다.

예를 들어 계약을 했는데 사기 계약을 당하게 된다거나 또 회사로부터 임명장을 받았는데 외딴 시골이나 근무 조건이 더 안 좋은 곳으로 가도록 발령 받는 등의 경우를 생각해 볼 수 있습니다.

◆ 관성의 역 작용

관성이 역 작용을 하게 되면
하는 일이 장애물을 만나
순조롭게 풀리지 않으며
심리적으로는 스스로
억압 받고 얽매이며
부담을 가지게 됩니다.
그러나 원국에
인성의 통관작용이
있다면 이러한 부담은
줄어들 것입니다.

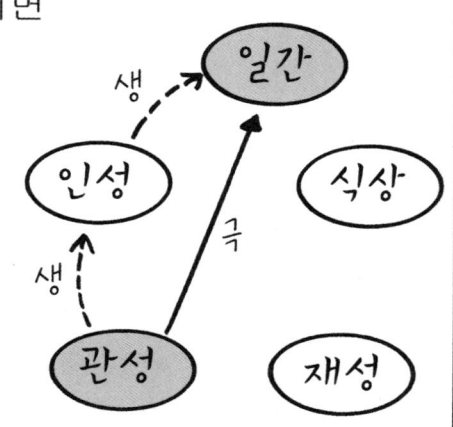

관성이 많거나 혼잡 되어있고 역 작용을 하면 평소
억압 심리가 강하므로 이에 대한 반작용으로 항상
억압으로부터 벗어나려고 하기 때문에 가만히 있질
못하고 어떤 일이든 매달려서 항상 움직이려는
성향으로 나타나게 됩니다.

여자의 경우 관이 혼잡되어 있고, 식상으로부터 충극을 받는 구조에다가 운이 따라주지 않거나 부부간의 궁합이 좋지 않으면 재혼할 확률이 높습니다.

1. 관성이 강하면 항상 장애물과 부딪히며 힘들게 살아갑니다.

2. 명예에 관계되는 일(실직, 사업실패, 송사)로부터 피해를 입게 됩니다.

3. 여자는 남자문제로 어려움을 겪을 수 있습니다.

4. 학생은 억압심리로 인해 공부를 제대로 할 수가 없어 시험에서 좋지 않은 결과를 가져올 수 있습니다.

이러한 현상들은 명식에 관을 통관해서 비겁을 보호해줄 인성이 없는 경우에 강하게 나타납니다. 그러나 인성이 없이 식상만 있어도 일간이나 비겁을 관으로부터 보호하므로 흉은 어느정도 감소가 됩니다.

기본적으로 신약 명에서는 관성이 편관이든 정관이든 일단은 어려운 일이나 장애물이 발생한다고 봐야 합니다. 그 다음 정관은 일간이 힘이 있을 때는 어려운 환경에서 일정 부분 명예에는 도움이 된다고 봐야 합니다.

직장인은 어려운 일이나 불명예로운 사건에, 사업가는 부도나 계약 등 거래 관계에 장애물이 생기게 됩니다.

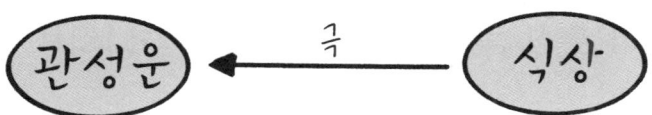

관성이 원국의 재성의 생을 받는다면 금전 문제, 남자는 여자 문제와도 연결되어 더욱 어렵습니다.

일간이 힘이 어느 정도 있는 상태에서 식상의 제어를 받게 되면, 어려움이 생기지만 그것을 극복하며 반전을 하게 됩니다.

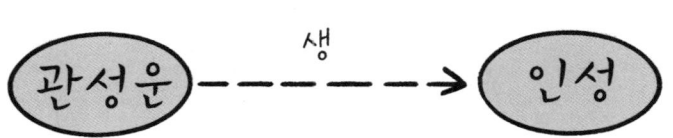

흉 작용을 하는 관성 운이라도 원국의 인성과 연결된다면 관성을 이용하는 형태가 되어 공공의 도움을 받거나 상부 기관의 힘을 빌려서 일이 성사되거나 국가나 단체의 인정을 받는 자격증이나 훈장 등을 생각해 볼 수 있습니다.

인성의 길 작용 (인성의 순 작용)

인성은 수용의 성(받아들이는 성)이라 정신세계를 의미한다고 배웠습니다. 또한 나를 생해주는 어머니와 같은 특성을 가졌습니다.

인성이 길 작용을 한다는 것은 기본적으로 신약한 명식으로 봐야 합니다. 그래서 대다수의 신약 명식은 용신을 인성으로 보지요. 그럼 인성운에는 어떤 일이 일어날까요?

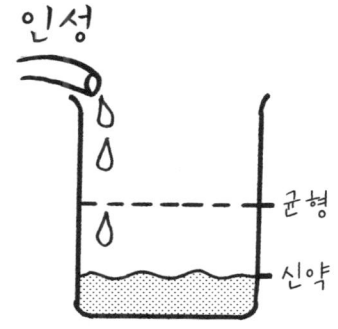

인성의 특징처럼 받아들이는 문제와 살아가는 문제 등에서 길 작용을 살펴봐야 합니다. 즉 누군가로부터 도움을 받는 운입니다.

이 도움은 여러가지가 있는데 직장인이면 승진도 가능하고, 문서 자격증 등에서 좋은 의미를 가지고 있다고 봅니다.

사업하는 사람들의 입장에서는 고객이 증가할 수도 있습니다.

따라서 인성 운은 전반적으로 내가 힘을 받고 살아가는데 유용한 여러가지 도구들이 생기는 운으로 볼 수 있습니다.

인성 = 보급품, 엄마

◆ 인성의 순 작용

인성이란 수용기능으로서 사고력 문제와 인간성 형성에 영향을 미치는 십성이라고 하겠습니다. 따뜻하고 정이 깊으며 주로 정신적인 영역에 속한다고 봅니다.

인성이 혼잡되면 잡념이 많고 판단력이 떨어지며 우유부단해 보일 수 있습니다.

비겁이 재성으로부터 인성을 보호해주는 경우에는 의존하려고 하기 보다는 나름대로 자력으로 일어서려는 경향이 있고,

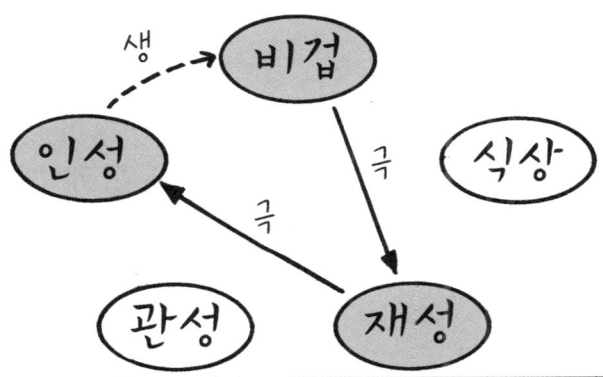

인성이 지나치게 비겁을 보호해주는 경우에는 남에게 의지하려는 습성이 강해 의타적이 됩니다. 이때 식상이 없으면 더욱 어렵게 됩니다.

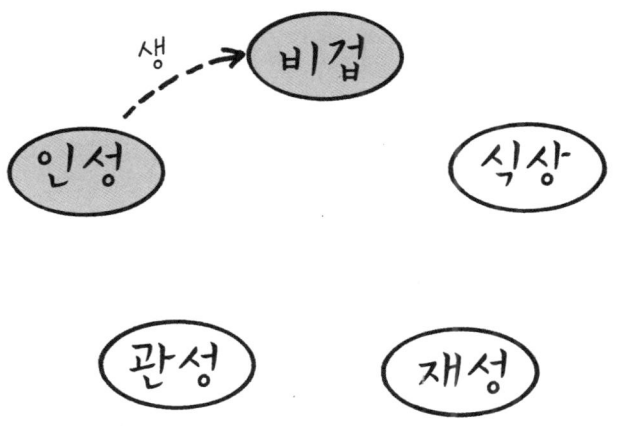

1. 윗사람 혹은 주변 도움으로 하는 일의 진행이 순조롭게 됩니다.

2. 관성이 흉 작용을 하더라도 운에서 인성이 통관해 주면 명예와 관련된 일에서 좋은 일이 발생합니다.

3. 각종 문제와 관계되는 일(시험, 자격증, 표창, 관인허가, 각종 매매계약)이 순조롭게 해결됩니다.

4. 학생의 경우 학업 능률이 좋아집니다.

신약 명에서 인성은 최고의 좋은 운이라 하겠습니다. 비겁운은 재물의 유입이라는 점은 좋으나 재를 취하는 과정에서 번잡함과 고단함이 동반되어야 하는 점을 참고로 한다면, 인성운은 안정적으로 운의 기간을 보낼 수 있다는 점이 장점입니다.

인성

인성운에는 심리적 안정감이 생기고 주변의 여건이 우호적으로 형성됩니다. 시험이나 서류 문서 등에 좋은 환경이 만들어집니다.

인성이 제대로 작용하려면 천간에 오거나, 지지에 와서 약한 비겁을 생해줄 때가 좋으며

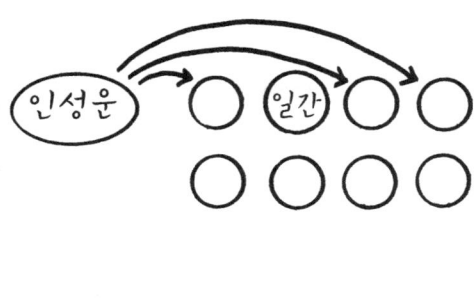

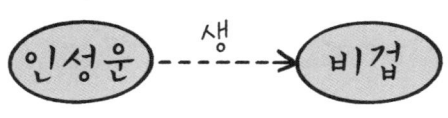

천간에 일간이 살의 위협을 받고 있을 때 아주 유익합니다.

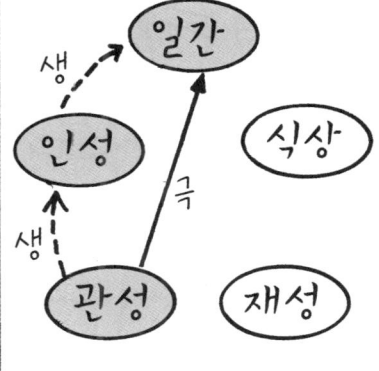

그리고 인성운이라고 해도 원국에 인성이 충분한 경우라면 주변의 기대에 의존해서 나태한 생활을 하게 되기도 합니다.

그러므로 신약의 인성운이라고 무조건 좋게만 해석을 해서는 안됩니다.

인성의 흉 작용 (인성의 역 작용)

인성이 흉 작용을 할 때는 신강한 명식이라고 할 수 있습니다.
왜냐하면 신강한 명식은 이미 인성과 비겁이 많아 에너지가 넘치는데, 이 상태에서 인성이 다시 온다는 것은 불필요한 힘이기 때문이죠.

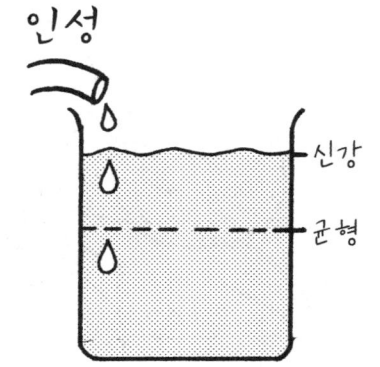

그래서 인성이 흉작용을 한다면 길작용을 할 때와 반대로 생각하시면 됩니다. 예를 들어···

주변에서 도움 준다고 온 사람들이 오히려
내 주머니를 털어가는 꼴이 되니, 주변의 동업 제의
등은 고려를 해봐야 합니다.

표면적으로는 '나'를
도와준다고 하지만
결국 '나'를 힘들게
하고, 복잡해지는
상황이 되어
스트레스를 받게
될 수도 있습니다.

◆ 인성의 역 작용

인성이 역 작용을 하며 일간과 가까이 붙어 있을 경우 남에게 잘 속게 되거나, 비겁이 너무 강한 경우에는 오히려 듣지 않고 자기 고집만 내세우다 실패를 하게 됩니다.

1. 인성의 운이 흉 작용을 하게 되면 자격증, 문서 등과 관계되는 일은 모두 불리하게 작용합니다. 따라서 이 시기에는 남에게 돈을 빌려주거나, 보증을 서거나 매매나 계약, 이사 등을 하면 반드시 손해나 사기를 당하게 될 확률이 높은 것입니다.

2. 인성이 운에서 들어와 흉 작용을 하게되면 잡념이 많아지므로 정신적으로 스트레스에 노출되어 신경이 예민해지게 됩니다. 학생의 경우 잡념과 스트레스로 공부를 잘 할 수가 없게 됩니다.

신강 명에서는 인성이 일간을 부추기거나 잘못된 정보를 제공하여 일간이 무리한 추진을 해 낭패를 당하는 의미를 가집니다.

인성운 ←------생------ 관성

특히 관성이 일간이나 비겁을 다듬어 잘 제어하고 있는데 인성이 통관해 버린다면 관을 무시하여 불법을 저지르거나 진퇴를 조절하지 못해 불명예스러운 일을 당하게 됩니다.

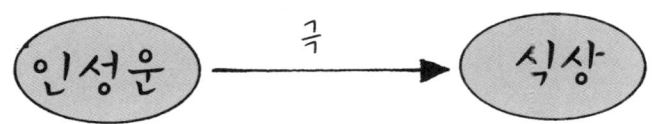

그리고 자신의 능력을 제대로 발휘하는 식상을 극하면 하는 일이 막히게 되는 경우가 됩니다.

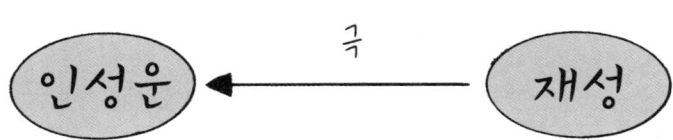

인성이 강한 재성에 제어가 된다면 잘못 진행되던 문서, 서류 등이 주변환경(남자인 경우 여자)에 의해 우여곡절 끝에 어려운 고비를 넘길 수도 있습니다.

인성이 흉작용을 할 경우, 심리적으로는 잡념 공상 등 머리가 복잡해져 판단력이 흐려지거나 스트레스에 시달리게 됩니다.

실제 명식 분석의 방법

"여태까지 배운 것을 바탕으로 실제 명식을 분석해 보겠습니다."

```
己  戊  丙  乙
未  子  戌  丑

67  57  47  37  27  17   7
癸  壬  辛  庚  己  戊  丁
巳  辰  卯  寅  丑  子  亥
```

"우선 위의 명식을 풀어볼게요."

◆ 신강&신약의 판단

이 명식은 겉보기에는 土가 많고 丙火까지 있어 신강으로 보입니다만 정말 그럴까요?

```
己  戊  丙  乙
未  子  戌  丑
```

"겉보기에는 득령1과 득세4 입니다만…
더 자세히 살펴볼까요?"

우리가 앞서 배운 <지지 土에 관한 연구> 및 <신강 신약을 혼동하게 만드는 土에 관한 해설>을 잘 떠올려 보세요!

```
己 戊 丙 乙
未 子 戌 丑
```

이 명식은 戌월의 戊土입니다.
戊土는 차갑고 건조한 土로서, 土가 根으로 쓰는 여름을 한참 지난 시점에 있기 때문에 土의 根으로 쓰기에는 무기력하나 어느 정도 안정감은 기대할 수 있습니다.

앞서 배운 내용을 참고하세요!

戌土 (辛 丁 戊)

*戌土의 辛金은 가을의 종착역에 도달하였음을 알리며, 丁火는 火기운이 소멸되어 땅 속에 저장되어 寅月을 기다리게 된다는 의미를 생각해야 합니다.

*戌土는 9月의 土이며 차갑고 건조한 土라는 점을 먼저 인식해야 합니다. 또한 지장간의 辛金의 작용을 염두에 두어야 합니다.

즉, 월지의 戌土는 득령이지만 일간인 戊土의 큰 뿌리는 되지 못한다고 봐야겠죠.

己 戊 丙 乙
未 子 戌 丑

년지의 丑土는 차갑고 습한 土로 지장간 속에 水 기운이 강한 土입니다. 그래서 丑土는 土에게 있어서 비겁의 의미 외에 土의 뿌리는 전혀 되지 않습니다.

丑土 (癸 辛 己)

*癸水는 생명체 탄생을 위한 기운의 축적 기간이 끝났음을 알려주며, 辛金은 金의 기운이 마지막 자신의 역할을 다 하고 소멸하는 시기를 알려주고 있습니다.

*丑土는 12月의 土이며 한습한 土로서 지장간 속에 水의 기운이 강한 土라는 인식을 가지고 봐야 합니다.

己 戊 丙 乙
㊤ 子 戌 丑

다음으로 시지의 未土는 뜨겁고 건조한 土로 火기를 머금고 지원을 해주니, 일간 戊土를 도와주는 든든한 뿌리로 볼 수 있습니다.

未土 (丁 乙 己)

*丁火는 火의 계절이 종착역에 도달했다는 의미를 상징하며, 乙木은 木의 기운이 소멸되어 땅 속에 저장 돼 亥月을 기다리게 된다는 의미를 생각해야 합니다.

*未土는 여름의 끝자락에 와 있는 건조하고 열기를 담고 있는 기운을 느껴야 합니다.

월간의 丙火와 시간의 己土도 일간인 戊土를 보호해주고 도와주는 土의 지원군으로 볼 수 있죠.

정리하자면 이 명식은 월지의 戌土가 건토로 안정감은 주지만 土의 뿌리로 보긴 어렵고, 丑土 역시 뿌리라 볼 수 없으므로 丙火와 己土, 未土에 의존하는 신약하지만 기운은 강한 명식으로 볼 수 있습니다.

◆ 용신 찾기

　　　己　戊　丙　乙
　　　未　子　戌　丑

이 명식은 신약에 재성이 子水 한개 뿐이므로 용신은 인성으로 봐야 합니다.
이 명식에서 인성은 丙火입니다.
따라서 이 명식은 용신이 火가 됩니다.

◆ 희신 찾기

그럼 희신은 뭐가 될까요?
희신은 반드시 용신과 생관계에 있고
일간과 용신 모두를 만족할 수 있는
오행으로 찾습니다!

이 명식의 용신은 火이므로
火와 생관계가 되는
오행인 木과 土가
희신 후보가 됩니다.

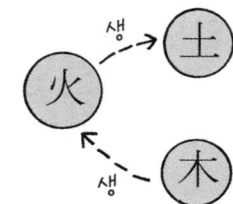

己 戊 丙 乙
未 子 戌 丑

용신인 火는 지지의 차갑고 건조한 戌土에 은근히 火氣가 설기되고 있지만, 천간의 乙木이 생해주고 있습니다. 그래서 용신은 도와주지 않더라도 어느 정도 버틸 힘이 있다고 봅니다.
반면에 일간은 지지에 뿌리가 未土뿐이고 앉은 자리가 불안하며 천간의 己土와 丙火에 의존해서 살아가기 때문에 희신은 土로 쓰겠습니다.

그러나! 이 명식은 특이하게도 희신을 木으로 써도 괜찮습니다. 왜 그런지 그 이유를 살펴볼까요?

己 戊 丙 乙
未 子 戌 丑

우선 이 명식의 용신은 丑土를 뿌리로 둔 강한 乙木의 생을 받고 있지만 한편으로는 월지 戌土에게 火氣를 많이 뺏기고도 있지요.
때문에 천간에 木이 들어오면 시간의 己土는 극을 당하겠지만 결과적으로는 용신인 火를 돕게 됩니다. 지지에서도 木이 들어오게 되면 대운과 세운의 상황에 따라 木일지라도 희신급 역할을 하게 됩니다.
이것에 대한 설명은 이 뒷부분의 운세분석에서 더 자세히 살펴보도록 하겠습니다.

용신과 희신을 다 찾았으면 나머지 기신, 구신, 한신은 쉽게 찾을 수 있습니다.

용신 火

희신 土

기신 水 (용신을 극하는 오행)

구신 木 (희신을 극하는 오행)

한신 金 (남는 오행)

그리고 木은 구신이지만 천간으로 들어올땐 용신 火를 도와주니 희신급 역할을 합니다.

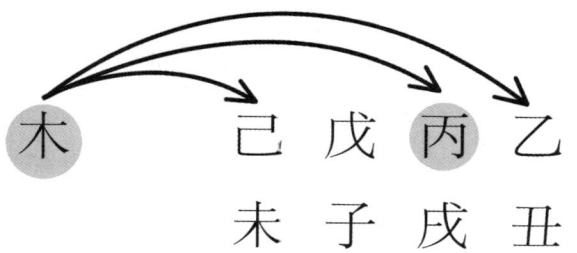

비록 운에서 기,구신이 들어오더라도 사주 명식에서 운을 받아주는 구조에 따라, 희신급이 될 수도 있다는 것을 인지해야 할 것입니다.

◆ 명식분석을 통해 심리적 특성 파악하기

이제 우리는 여태까지 배운 음양오행론, 십성론, 일주의 심리구조 등 모든 것을 종합하여 이 명식을 가진 사람의 심리적 특성을 분석해 볼거에요.

己 戊 丙 乙
未 子 戌 丑

먼저 이 명식을 가진 사람의 천간의 특성을 바탕으로 일주의 심리구조 및 어떤 십성을 가지고 있는지, 선전에 해당되는지, 일간과 천간 지지들의 충극이나 합이 되었는지 등을 모두 꼼꼼히 찾아내어 종합적으로 분석해 봅시다.

이 명식은 戌월의 戊土로 일지 子水를 끼고 명식 곳곳에 土들이 분포되어 있습니다. 이를 그림으로 비유해 보자면… 크고 작은 산들이 협곡을 이루고 그 골짜기 사이로 작은 계곡이 흐르고 있는 모습이겠지요.

己 戊 丙 乙
未 子 戌 丑

이 명식은 戊土일간에 비겁이 많고 앉은 자리가 子水정재이며 시지의 未土에 의해 子水가 많이 극을 당해 앉은 자리가 불안한 모습입니다. 또한 일지와 월지의 지지암합도 눈에 띄는 특징입니다.
그리고 천간의 乙木이 丙火를 생함으로써 관인상생이 되었고 명식에 식상이 없는 것도 큰 특징으로 보입니다.

<심리적 특성 강점>

이 사람은 오행 중 토형입니다. 토형의 특성은 무던하고 신뢰적이며 변함이 없으며 중립적이고 믿음직하며 포용력이 있습니다. 그러나 고정관념이 강해 융통성이 부족해 보일 수 있습니다.
이 사람은 주체성이 강하고 추진력이 있으며 경쟁심이 강하지만 타협적인 면이 있어 대인관계나 사회생활에 안정을 중시하는 성향이 있습니다. 그리고 꼼꼼하고 세밀하고 정밀하며 계획성 있게 생활하는 자세를 가지고 있습니다.
사고력이 깊고 직관력이 뛰어나 사물의 본질을 꿰뚫는 통찰력이 있으며, 관심분야엔 습득이 빨라 자신의 능력을 잘 발휘하며 일에 대한 열정적인 모습을 보이는 성향도 있습니다.
또한 준법정신이 강하고 합리적인 사고를 하며 명분과 명예를 중시하는 선비적인 보수 성향도 강하고, 자신의 판단력에 확신을 가지는 성향도 있습니다.
이런 성향은 정신세계나 사고력을 필요로 하는 직업에 유리한데 교사, 학자, 사고력이 필요한 작가, 예술인 등의 직업에 적합하며, 현실적이고 섬세한 감각이 필요한 정밀 분야의 직업 [금세공, 정밀기계, 섬세한 디자인이 요구되는 직종]에도 좋습니다.

<심리적 특성 보완점>

이 사람은 주체성이 강하고 배짱이 있어 보이나 주변의 환경이나 자극에 예민한 반응을 보이며 스트레스에 민감하고 중심이 흔들리는 면이 있습니다.
또한 표현력이 부족해 자신의 속내를 잘 드러내지 못하며 소극적인 면을 가지고 있으나 사리분별력이 있고 옳고 그름을 따지는 성향도 가지고 있습니다. 섬세하고 정밀한 면은 좋으나 관심 대상에 대해 집착하는 성향을 가지고 있어 스트레스가 발생할 수 있습니다.
그렇기 때문에 관심 대상이나 수용 대상에 대한 긍정적인 사고를 가지고 받아들이는 자세가 필요하다고 봅니다.

```
己 戊 丙 乙
未 子 戌 丑
```

이번에는 앞서 찾은 희용기구한을 바탕으로 운세분석을 해보겠습니다.

丁	己	己	戊	丙	乙
酉	丑	未	子	戌	丑
세운	대운				

67	57	47	37	27	17	7
癸	壬	辛	庚	己	戊	丁
巳	辰	卯	寅	丑	子	亥

용신火   희신土   기신水   구신木   한신金

세운은 항상 대운을 거쳐 들어가고 일간에는 직접 대입하지 않습니다. 또 천간은 천간대로, 지지는 지지대로 대입한다는 사실을 잊지마세요!

대운은 개인이 느끼는 운의 환경이자 사주 주인이 느끼는 분위기라 배웠습니다.
반면에 세운은 현재 주변에 흐르고 있는 활성화 된 기운으로 실제 어떤 일이 일어나는지를 살필 수 있는 힘을 가진 운이라 배웠습니다.
또한 용신을 최우선으로 살펴야 하며 운에서 오는 오행이 원국의 용신과 어떤 작용을 하는지를 잘 파악해야 합니다. 이 점을 잘 기억하세요.

◆ 운세분석

	己	戊	丙	乙
己	未	子	戌	丑
丑				
대운				

67	57	47	37	27	17	7
癸	壬	辛	庚	己	戊	丁
巳	辰	卯	寅	丑	子	亥

이 명식은 현재 己丑대운 입니다.
그럼 이 명식의 주인이 느끼는
분위기는 어떨까요?
먼저 천간부터 살펴 봅시다.

己土대운(겁재운)이 천간에 들어옴으로써
일간에게는 친구가 하나 더 생기게 됩니다.
그래서 용신 입장에서는 먹여살려야 할 사람이
하나 더 늘은 격이지요.
그렇지만 이 명식의 용신은 힘이 있으므로 자신이
보살펴야 할 사람이 한 명 더 늘었다고 해도
괜찮다고 봅니다.
일간에게는 든든한 친구가 한 명 더 생기니
심리적으로 안정감이 생기겠지요.

```
         己   戊   丙   乙
  己
  丑    未   子   戌   丑
  대운
         67  57  47  37  27  17   7
         癸   壬   辛   庚   己   戊   丁
         巳   辰   卯   寅   丑   子   亥
```

그럼 지지쪽은 어떨까요?

지지의 丑土대운은 차갑고 습한 土로, 土에게 있어서는 별 도움이 되지 않는 그저 무늬만 같은 土일 뿐이지요.
또한 丑土는 水氣를 품은 土라 일지 子水를 크게 극하지는 않지만 지지가 너무 습해지므로 용신火나 일간에게는 부담이 됩니다.

단, 丑土대운인데 세운에서 지지에 木이 온다면, 천간에 있는 丙火의 뿌리가 되어주므로 간접적으로 용신에게 도움이 될 수도 있습니다.

따라서 이 사주 주인이 **10년간** 느끼는 분위기는 심리적으로 안정감 있고 편안하게 보낼 수 있겠지요.

 그럼 세운인 丁酉년에는 어떨까요?
丁酉세운은 항상 己丑대운을 거쳐
명식에 적용됩니다.

丁	己	己	戊	丙	乙
酉	丑	未	子	戌	丑
세운	대운				

먼저 천간부터 살펴봅시다.
丁火세운은 일간 戊土에게 있어 정인운으로 기본적으로 신약 사주에 좋은 인성운입니다.
그러나 좋은 운이라도 명식에서 받아줄때 그 힘이 제대로 발휘 되겠지요?
丁酉세운은 火극金으로 천간의 丁火가 지지의 酉金을 극하느라 丁火의 기운이 다소 빠진 상태입니다.
丁火세운은 대운인 己土를 거쳐가며 己土를 생해주느라 힘이 또 빠지게 되지만, 이 명식에 있어서 火와 土는 각각 용신과 희신 운으로 일간에게 도움이 되는 운입니다.
즉 丁火세운의 힘이 약하긴 하지만 결과적으로 천간과 용신에게는 좋게 작용하므로 좋은 운이라 봅니다.
인성운은 수용기능으로 사고력과 인간성 형성에 영향을 미치는 십성이라 배웠습니다.
이 명식에선 인성인 丁火운이 길작용을 하므로 윗사람이나 주변의 도움으로 일이 순조롭게 진행되는 운이라 하겠습니다.

丁	己	己	戊	丙	乙
酉	丑	未	子	戌	丑
세운	대운				

다음은 지지쪽 운도 살펴봅시다.
戊土에게 酉金운은 상관운입니다. 이 상관운이 명식에 어떻게 적용될까요?
金에게 있어 丑土는 土生金이 아닌 오히려 金의 힘을 빼가는 土입니다. 그래서 丁火에 극을 당해 힘이 빠진 酉金운은 丑土대운을 거치며 또 다시 힘이 크게 빠진 상태로 명식에 적용되게 됩니다.
그러나 酉金운은 월지 戌土로부터 강한 지원을 받아 일지 子水를 생하게 됩니다.[식상생재]
일간이 힘이 없는 상태에서의 식상생재는 재앙으로 흐를 수 있습니다.
이 명식에서는 식상생재로 흐르긴 합니다만 지지의 未土가 子水를 크게 극하고 있고, 丑土역시 酉金의 힘을 어느 정도 빼고 있는데다 식상이 없는 명식이므로 아주 안좋게 보지는 않습니다.

정리하자면 丁酉년에는 승부욕과 추진력이 강해져 일의 진행에 적극적인 활동을 하며, 활동량이 늘어나겠으나 금전 손실 또는 자금의 유출이 생길 수도 있으니 주의해야 합니다. 그러나 심리적으로는 안정감이 생기고 주변의 도움도 기대해 볼 수 있습니다.

또 다른 명식을 살펴봅시다.

```
癸 丁 己 甲
卯 卯 巳 午
```

62	52	42	32	22	12	2
壬	癸	甲	乙	丙	丁	戊
戌	亥	子	丑	寅	卯	辰

◆ 신강&신약의 판단

癸 丁 己 **甲**
卯 卯 巳 **午**

이 명식은 득령과 득지를 모두 했으며 득세도 3개나 있습니다. 특히 일간이 지지에 모두 뿌리를 내리고 있으니 매우 신강한 명식으로 봐야겠지요.
그럼 이 명식을 좀 더 자세히 살펴 볼게요.

```
癸 丁 己 甲
卯 卯 巳 午
```

이 명식은 巳월의 丁火로 매우 뜨겁고 폭발력이 있습니다. 월지의 巳火는 寅월에서 잉태한 火의 기운이 巳월에 탄생하여 본격적으로 火氣를 내뿜기 시작하는 시기이므로 일간의 丁火가 최고의 힘을 발휘할 수가 있지요.

앉은 자리의 卯木은 습목이긴 하지만 왕성한 木들의 생을 받게 되므로 丁火는 강하고 심리적으로도 매우 안정적이게 됩니다.

이렇게 득령과 득지는 물론이고 나머지 지지 모두에 뿌리를 내리고 있는 丁火의 힘은 매우 강하고 폭발적인 힘을 가지게 됩니다.

◆ 용신 찾기

```
癸 丁 己 甲
卯 卯 巳 午
```

인성이 많아 신강해진 명식의 용신은 재성이 되어야 합니다. 그러나 이 명식에서는 재성인 金이 없으므로 용신은 식상이나 관성 중에서 찾아야 하겠죠.
이 명식은 관성이 일간을 통제하기가 불가능한데다 인성이 많기 때문에 용신은 식상인 土로 쓰는 것이 좋습니다.

신강 명식에서 관성을 용신으로 쓰는 경우는 관성이 일간을 어느 정도 통제 가능할 때라고 배웠습니다. 일간이 너무 강하면 일간의 힘을 설기할 수 있는 식상을 용신으로 쓰는 것이 더 좋습니다.

그런데 이 명식의 용신은 甲己합으로 합[合]이 되어 있습니다. 앞서 용신이 합이 되었을 경우는 일간의 머슴인 용신이 다른 것과 연애하느라 할 일을 제대로 못 한다고 배웠죠!
따라서 이 명식의 사람은 용신이 합[合]이 됨으로써 활동력이 떨어지고 스스로 짐의 무게를 감당하며 살아야 합니다.
그러나 용신이 약하다고 해서 경제적으로 잘 살고 못 사는 것과는 무관하다는 사실을 명심하세요!

◆ 희신 찾기

앞서 배웠던 <희신을 찾는 방법>을 떠올려 보세요!

* 식상이 용신이면 희신은 재성

* 관성이 용신이면 희신은 재성

* 재성이 용신이면 희신은 관성 혹은 식상

* 인성이 용신이면 희신은 관성 혹은 비겁

* 비겁이 용신이면 희신은 인성으로 보면서 살펴야 합니다.

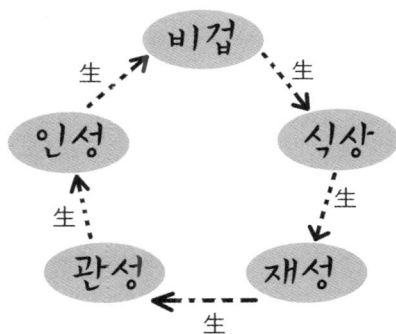

癸 丁 己 甲
卯 卯 巳 午

이 명식의 용신은 식상이므로 희신은 재성인 金이 됩니다.

용신과 희신을 다 찾았으면 나머지 기신, 구신, 한신은 쉽게 찾을 수 있습니다.

용신 土
희신 金
기신 木 (용신을 극하는 오행)
구신 火 (희신을 극하는 오행)
한신 水 (남는 오행)

◆ 명식분석을 통해 심리적 특성 파악하기

이 명식은 巳월의 丁火로 보리가 익어가는 계절인 여름, 크고 작은 나무들이 둘러싼 촉촉한 잔디밭 위로 뜨거운 태양의 열기가 강렬하게 느껴집니다.
잔잔히 내리는 이슬이 후끈하게 달아오른 여름의 열기를 식히기에는 역부족으로 보입니다.

<심리적 특성 강점>

이 사람은 오행 중 화형입니다.
화형의 특성은 사교적이고 정이 많고 따뜻하며
합리적인 사고를 하고 항상 남을 배려하지만
본인은 외로움을 느끼는 경우가 많고 주변에서
자극을 하면 무섭게 폭발하기도 합니다.
이 사람은 사고력이 깊고 직관력이 뛰어나 사물의
본질을 꿰뚫어 보는 통찰력이 있으며, 상대의 심리를
읽는 능력이 탁월합니다.
그리고 부정적 수용을 바탕으로 의문을 가지고 있는
점은 끝까지 파고 들어 생각하며 자신의 판단력에
확신을 가지는 성향도있습니다.
또 경쟁심이 있고 내면적 자존심이 강하여
이것 저것 따지지만 사리분명한 처신을 합니다.
또한 원칙주의로 책임감과 명분을 중시하며 깊이
연구하는 집중력이 뛰어나고 아이디어가 풍부합니다.
한편으로 이 사람은 까칠해 보이기도 하지만 인정이
많고 헌신적이며 재능의 깊이가 있고 일이나 사물에
집요함이 있습니다.
이런 성향은 정신세계나 사고력을 필요로 하는
직업에 유리한데 작가, 예술인, 종교인, 철학인 등의
직업에 적합하며, 꾸준함과 집중력이 강한 특성은
연구직이나 전문직 등의 업종에도 좋습니다.

<심리적 특성 보완점>

이 사람은 생각이 깊고 합리적인 판단을 하며 항상 남을 배려하지만 자신의 생각에 의해 옳지 않은 일에는 타협하지 않는 고집을 보이기도 합니다.
또 이해력이 좋으며 주변의 상황을 잘 수용하지만 자기 확신이 강해 자신의 원칙을 고수하기도 합니다.
사고력이 깊고, 깊이 연구하는 집중력이 뛰어나며 아이디어가 풍부한 점은 좋으나 잡념과 공상이 많아 행동으로 옮기는 것이 늦고 우유부단하며 자신을 희생하는 면도 있습니다.
또한 결단력이 부족하여 상황 대처 능력이 떨어지고 일의 마무리가 약합니다.
재화의 운용 기능이 약하므로 금전 관리 부분이 취약할 수 있지만 재물에 억압받거나 연연해하지 않습니다.

癸　丁　己　甲

卯　卯　巳　午

◆ 운세분석

壬	癸	丁	己	甲
戌	卯	卯	巳	午
대운				

72	62	52	42	32	22	12	2
辛	壬	癸	甲	乙	丙	丁	戊
酉	戌	亥	子	丑	寅	卯	辰

壬水대운이 천간에 들어옴으로써 일간에게는
후끈하게 달아오른 火氣를 식혀줄 가뭄의 단비
같은 존재가 되어줍니다.
원래라면 水가 들어와서 용신인 土에게 극을
당해야겠지만 이 명식의 용신은 甲己합으로
월간의 己土는 년간의 甲木과 연애하느라 바빠서
자신의 할 일은 모두 뒷전이지요!
甲木 또한 원래라면 壬水의 생을 받아 일간을
더 부추길 수도 있었으나 己土와 한창 연애중이라
다른 것은 눈에 보이지도 않지요!
그래서 壬水는 안전하게 관성의 역할을 할 수 있게
됩니다. 다만 여기서 壬水대운도 일간 丁火와 천간
합[合]이 됩니다만 결과적으로는 비겁도 강한 丁火
일간의 열기를 식혀주는데 일조하게 되지요.
신강 사주에서의 관성운은 명예와 관련된 운으로
이 명식에서의 壬水대운은 뜨겁게 달궈진 열기를
제어해 줄 수 있는 좋은 운이라고 봅니다.

```
壬   癸 丁 己 甲
戌   卯 卯 巳 午
대운
```

그럼 지지쪽은 어떨까요?
지지에서는 戌土대운이 들어옵니다. 戌土는 차갑고 건조한 土로 戌土의 서늘한 기운이 火의 열정을 약하게 할 수도 있습니다.
그러므로 戌土대운은 월지 巳火의 힘을 은근히 설기하게 됩니다.
또 戌土대운은 앉은자리인 卯木에게는 木극土이지만 지장간 속 辛金의 영향력 때문에 어느 정도 木에게 저항을 하게 됩니다.
그러나 卯木은 왕목인데다 이 명식은 시지에도 卯木이 있으며, 월지와 년지의 강한 火氣까지 더해져 戌土 혼자 강한 일간의 뿌리들을 모두 상대하기엔 버겁겠지요.
그러나 일간 입장에서는 戌土대운이 들어옴으로 인해 폭발력 강한 火氣가 해소될 수 있는 좋은 운이라고 봅니다.
정리하자면 이 명식에서 壬戌대운은 뜨겁게 달궈진 인성과 비겁들의 폭주를 어느 정도 제어해 줄 좋은 운이라 봅니다.
따라서 이 사주 주인이 10년간 느끼는 분위기는 활동적인 면에서는 하는 일이 막혀 조금 답답할 수도 있겠지만 정신적으로는 안정되게 보낼 수 있습니다.

그럼 세운인 壬辰년에는 어떨까요?
壬辰세운은 항상 壬戌대운을 거쳐
명식에 적용됩니다.
그리고 명식을 풀 때는
좋은 운이라도 원국의 상황에 따라
안좋아 질 수도 있고, 나쁜 운이
좋게 작용 할 수도 있다는 것을
염두에 두고 차근히 풀어야 합니다.

		癸	丁	己	甲
壬辰 세운	壬戌 대운	卯	卯	巳	午

먼저 천간부터 살펴봅시다.
壬水세운은 일간 丁火에겐 정관운으로 기본적으로 신강 사주에 좋은 운입니다.
壬水세운은 대운과 힘을 합쳐 폭발력 강한 丁火의 힘을 조절해 주게 됩니다. 여기서 壬水세운이 들어오며 일간 丁火와 천간합[合]이 됨으로써 뜨거운 丁火 일간의 열기를 식혀주는데 일조를 하게 됩니다.
관성운이 신강 사주에 좋은 운이기는 하나 원국의 인성을 만나 일간을 더 부추기게 되면 안좋아 질 수도 있는데 다행히 이 명식에선 인성이 합[合]으로 묶여 있어 관성운이 오게 되면 폭주하는 火氣를 제어해 주는 좋은 역할을 하게 됩니다.
용신이 합[合]으로 묶여 있어 직접적으로 좋은 운을 받을 수 없는 점은 아쉽습니다만 일간은 차분한 분위기를 느낄 수는 있습니다.

壬	壬	癸	丁	己	甲
辰	戌	卯	卯	巳	午
세운	대운				

다음은 지지쪽 운도 살펴봅시다.
丁火에게 辰土는 상관운입니다.
辰土세운은 戌土대운을 거쳐 명식에 적용되는데
서로 같은 土이기 때문에 눈에 띄는 큰 작용력은
없이 辰土상관운으로써 명식에 적용됩니다.

辰土는 火와 직접적인 火생土 관계가 있으면 火氣를
설기 하는 역할을 하지만 이 명식에서 辰土세운이
들어오면 어떻게 될까요?

우선 일시적으로는 월지 巳火의 힘을 설기하게
되겠지만, 앞은 자리인 卯木의 강한 뿌리가 되어
卯木들이 火를 더욱 생하도록 부추기게 됩니다.
火는 辰土에서 힘을 얻기 시작하지만 습토라서
활력을 찾으려면 木이 도움이 필요하기 때문에
이 명식에서의 辰土세운은 강한 木들과 火의
장난에 놀아나게 됩니다.
게다가 이 명식의 용신은 한창 연애중이라
다른 것은 안중에도 없으니 일간 입장에서는
속이 타들어 가겠죠!

| 癸 | 丁 | 己 | 甲 |
| 卯 | 卯 | 巳 | 午 |

| 壬辰 세운 | 壬戌 대운 |

정리하자면 壬辰년에는 활동량이 늘어나지만 그로 인해 건강 등에 문제가 생길 수 있으며, 하는 일에 좋은 결과를 기대하긴 힘들지만 정신적으로는 안정감이 있으며 주변의 도움도 기대해 볼 수 있습니다.

지금까지 신강과 신약 명식을 풀어봤는데요.
희용신이라고 해서 항상 좋은 운이 될 수 없고, 기구신이라고 해서 반드시 나쁜 운은 아닙니다.
여러분께서는 항상 원국의 상황과 용신의 상태를 고려하여 차분히 명식을 풀어나가야 합니다.
또한 내 자신과 가장 가까운 사람들의 명식을 푸는 것이 많은 도움이 됩니다.
그렇게 풀어본 가족이나 친구들의 명식을 실제 삶과 비교해 보며 더 깊게 공부해 볼 수 있기 때문이지요.